《中国名人大传》
ZHONGGUO MINGREN DAZHUAN

孔子传

黄文莱◎著

北京联合出版公司
Beijing United Publishing Co.,Ltd.

图书在版编目(CIP)数据

孔子传/黄文莱编著 . —北京:北京联合出版公司,2013.11(2022.1重印)

(中国名人大传/马道宗主编)

ISBN 978-7-5502-2156-7

Ⅰ.①孔… Ⅱ.①黄… Ⅲ.①孔丘(前551~前479)—传记

Ⅳ.①B822.2

中国版本图书馆 CIP 数据核字(2013)第 253194 号

孔子传

编　著:黄文莱

版式设计:东方视点

北京联合出版公司出版

(北京市西城区德外大街 83 号楼 9 层　　100088)

北京一鑫印务有限责任公司印刷　新华书店经销

字数 230 千字　　710 毫米×1000 毫米　　1/16　　15 印张

2013 年 11 月第 1 版　　2022 年 1 月第 3 次印刷

ISBN 978-7-5502-2156-7

定价:49.80元

前 言

孔子（公元前 551—公元前 479 年），名丘，字仲尼。春秋末期鲁国人。中国古代著名的思想家、教育家，儒家学派创始人。

孔子少年时家道中落，但他作为士大夫子弟，还是受到了良好的传统教育，精通礼、乐、射、御、书、数六艺。孔子从小就虚心好学，他曾说："三人行，必有我师焉，择其善者而从之，其不善者而改之。"正是因为这种好学的精神，孔子向社会各界的有识之士广泛求教。到三十岁左右，孔子已成为当时知名的博学大师，并开始招收门徒，传授《诗》《书》《礼》《乐》等古代文化典籍。公元前 515 年，鲁国发生政变，孔子对当时"政在大夫"的局面颇为不满，遂离开鲁国，来到齐国。孔子在齐国虽得齐景公赞赏，但未受重用，遂又回到鲁国讲学。鲁定公五年（公元前 505 年），季桓子掌握鲁国大权，任命孔子为司寇，并以其弟子子路为季氏家宰，年过五十的孔子第一次获得施展政治抱负的机会。十年（公元前 500 年），被破格提拔为相的孔子陪鲁定公赴齐景公之约，由于孔子的周密部署，使鲁定公免遭劫持，并争取到了"汶阳之田"。十二年（公元前 498 年），孔子提出"堕三都"的主张，目的在于消除家臣叛乱的据点，削弱卿大夫的实力，以加强鲁君权力。但孔子的主张最终没能实现，于是孔子离开鲁国，去各国奔走。他每到一国，便积极参与当地的政治活动，以期遇

到赏识并信任自己的明君，实施自己在政治上的抱负，但孔子一次又一次失望了。公元前484年，在政治上不断碰壁的孔子已年近古稀，情知无法实现自己的理想，于是决心返回鲁国，终老于教育事业。当时的鲁国国君季康子礼聘孔子返国，让他以政界元老、社会贤达的荣誉地位从事讲学并整理文化典籍。晚年的孔子被尊为"国老"，有权参加国家大政方针的讨论和重大改革措施的实施。公元前479年，孔子病故。鲁哀公为其写悼词，弟子们守孝三年。孔子墓和故居从此相沿为鲁国儒生讲习诗书礼乐的场所。

孔子一生，虽在政治上不得志，但他的学术思想以及在教育事业方面的成就，即使在三千年后的今天，也仍是为整个中国乃至世界所瞩目的。孔子在"立于礼"这一核心思想上，提出了理想的政治局面，即君主以身作则，控制租赋徭役而富民教民；臣民各尽职守，努力劳作而尊奉君主。当然，这一思想在当时封建君主专制制度下，显然成了孔子一厢情愿的空想，但是孔子斥责暴君苛政，关怀国计民生的思想，却为后世留下了深远的影响。实际上，这正是儒家思想的根本立场，即实行"仁政"。在宗教方面，孔子信奉天命，但更注重人事，强调"匹夫不可夺志也"，孔子一生总是尽最大努力实践自己的理想，不因个人的成败得失而动摇放弃，忠实体现了这一信仰。同时，孔子"敬鬼神而远之""不语怪、力、乱、神"实际上是对宗教活动持怀疑态度，表现为尊重理性而否定迷信，其实质是保留传统宗教观念的形式而从社会意义上加以解释。这在当时的社会，是具有绝对的进步意义的。

孔子一生最主要的成就，是在思想文化教育方面。孔子首创私人讲学，提倡"因材施教"，广泛招收学生，培养人才，这使他成为我国历史上影响深远的第一位教育家。孔子弟子三千，精通六艺者七十二人，在政治上打破了贵族垄断政权的世袭制，为专制君主自由任免布衣卿相的官僚体制创造了条件；孔子对中国历史作出的最大贡献是

在学术上传播古典文献，使得濒临绝灭的官学通过私家讲学而流传开来，并发扬光大，形成中华民族文化的光辉开端。他的"温故而知新""知之为知之，不知为不知，是知也"等学习方法和态度，在今天的教育中也仍占有指导性地位。

但是，孔子也曾提出"生而知之者，上也；学而知之者，次也；困而学之，又其次也；困而不学，民斯为下矣""唯上智与下愚不移"的观点，反映了他歧视劳动人民的思想，同时也表现了贵族士大夫的阶级偏见，是对他自己教育思想和教学活动的怀疑和否定。

目录

Contents

第一章　贵族遗孤

一、少年孔子

1. 名门先祖

孔子是历史上的伟人，是一位终身仕途都不畅达、具有丰富学识的孤独的思想者。孔子几千年来名播海内外，深得全世界人民的敬仰，然而这样一位伟大的人物，青少年时代的生活却颇为困苦，社会地位也十分卑贱。

孔子的祖先是没落贵族，他身上的贵族血统在他想成为上流社会的成员时没给他帮上任何忙。跻身豪门受阻后，他才发誓要做精神上的贵族，使自己成为道德君子。童年时艰辛的生活把他好学上进的本性激发得格外强烈，他刻苦学习，发誓要出人头地，常向任何一个有某方面知识的人请教，最后终于成为一位让上流社会接纳的名人。他在性情、品格等方面都与众不同，是一个特立独行的人。作为学识渊博、思想卓越的历史伟人，后世之人都对他无限崇拜敬仰。

孔子的先祖是殷商王室的微子启。

微子启与殷纣王是亲兄弟。纣王昏乱残暴，微子启劝谏失败后，离开了他。商朝灭亡后，周成王把微子启安置在宋。这样，孔子的先世由王室之尊变为诸侯。从微子启四传至宋潜公，其长子叫弗父何，

次子叫鲋祀。

宋湣公没有将君位传给儿子，而是传给弟弟炀公，鲋祀大为不满，把叔父炀公除掉了。鲋祀欲立其兄弗父何为君，弗父何拒不接受。鲋祀于是成为厉公，弗父何为卿。孔子的先世就这样又变为公卿。

正考父是弗父何的曾孙，是宋国的戴公、武公、宣公的三朝上卿。他为人谦逊，受命时态度相当恭敬。正考父为鼎做鼎铭，云："一命而偻，再命而伛，三命而俯，循墙而走，亦莫余敢侮。饘于是，粥于是，以糊余口。"

正考父的儿子孔父嘉，是孔子的六世祖。孔父是其字，嘉是其名，所以他的后人把他的字做为姓氏。

在孔父嘉这一代，孔子的先世变故巨大。宋穆公时，孔父嘉位居大司马。孔父嘉是宋穆公、殇公两朝大司马，与其父同样地位显赫。孔父嘉的妻子非常美丽。鲁桓公元年（公元前711年），宋国的太宰华父督有一次在路上见到孔父嘉之妻，大为惊讶，惊叹世上还有如此美的女人，说道"美而艳"，并开始日夜思念。当时，宋国经常发生战争，百姓不得太平，华父督散布流言说："这都是那个负责军事的大司马搞的"，把罪名全部推给孔父嘉。孔父嘉为人和善宽厚，对华父督没有设防。结果第二年春天，华父督命人把孔父嘉杀掉，到他家抢走其妻。殇公得知后非常震惊，生气至极，华父督害怕会遭惩罚，于是连殇公一起杀掉了。

这件事发生在鲁桓公二年（公元前710年），是宋国历史上的第二次弑君事件，上距周平王东迁约六十年。孔父嘉的曾孙逃到鲁国避难，在鲁国做防大夫，所以叫孔防叔，其管理的地区是现在的山东省费县东北。孔氏奔鲁就失去了卿位，从此由贵族公卿降为士族。

从此，孔家衰落。

2. "野合"而生

孔父嘉被杀后，其子木金父在鲁国的陬邑落户，从此定居下来，变成了鲁国人。

木金父当初为何选择鲁国，除了鲁、宋两国邻近外，还有历史方面的原因。鲁国以前是殷人在东方的盟国，叫奄国。周公东征灭奄后，其子伯禽代其受封于此。殷民六族后来也迁过来，建立了鲁国。因此，鲁国多数居民仍是殷人，只不过是由周人统治罢了。木金父可能是出于历史原因逃到鲁国。

木金父以落难的异国贵族子弟身份来到鲁国，自然不会很快引起鲁国政府的重视。所以他和他的儿子两代为平民。第三代人孔防叔在鲁贵族臧孙氏家为家臣，出任防邑宰。防位于曲阜以东三十里，是臧孙氏的采邑，故人们都叫他防叔。防叔之孙叔梁纥任陬邑宰。陬位于防邑南十多里处，邾国以前的故都就在此。后来邾迁都于绎，陬成为鲁邑。陬邑宰是国家任命正式地方官，比家臣的防邑宰荣耀。

叔梁纥就是孔子的父亲。

叔梁纥的名字在《左传》上有记载，因为他是当时鲁国著名的武士，力量常人不及，立过两次战功。

其中一次是在鲁襄公十年（公元前562年）。晋国围攻逼阳，叔梁纥随同鲁军与晋国军队一齐参战。逼阳城虽小，但牢不可摧，晋军费了很大的力气，才攻进城一小股兵将。逼阳城门有两重，一重是朝夕使用的普通城门，一重为高悬在上的悬门，仅供战时使用。当时，逼阳人打开城门，想诱敌深入，一些晋军冲进城后，悬门突然放下，叔梁纥眼疾手快，托起沉重的悬门，让冲进城的兵士赶快撤离。

此时，孔子的父亲已年过五十。

七年后，即鲁襄公十七年秋天，齐国侵犯鲁国北部边境。齐国高厚率军包围了鲁国的防邑。鲁国军队害怕齐军，离防邑还有一段距离。此时，在防邑之中被围困的有鲁国大夫臧纥三兄弟和叔梁纥。叔梁纥同臧纥的两个弟弟带兵连夜护送臧纥突破了齐国军队封锁，把臧纥护送至鲁军驻地旅松。然后叔梁纥又返回防邑抗齐。齐军撤退后，

叔梁纥又立了一大战功。叔梁纥虽然战功显著，但是鲁国当权者并没有给他封爵，社会地位没有因此而改变，叔梁纥还是一个武士。后来叔梁纥任陬邑大夫，也是贵族中最低的一个阶层。

叔梁纥早年与鲁国的施氏成亲，共生育了九个女儿，没有儿子。后来娶的妾终于生了一个儿子，名叫孟皮，又叫伯尼。孟皮脚有毛病，走路有些跛。叔梁纥觉得这个孩子将来会有失他的武士身份，于是想再娶一个夫人，再生一子。

于是，叔梁纥向颜氏求婚。此时，他已六七十岁了。

颜氏有三个女儿，颜父问女儿们："虽然陬大夫叔梁纥的祖辈和父辈仅仅是士，但他的祖先地位显赫，他虽年纪大些，不过身高十尺，武艺绝伦，我很喜欢他。尽管他性格严厉，但这不算什么。你们姊妹三个，谁愿嫁给他？"老大和老二都沉默不语，小女征在却说："父亲就安排吧，我们听从就是了。"就这样，颜父把小女颜征在许配给叔梁纥。

关于叔梁纥与颜征在的结合，《史记·孔子世家》记载说：

> 纥与颜氏女野合而生孔子，祷于尼丘得孔子。

"野合"在此究竟为何意？后世唐人认为梁纥年老而征在年少，他们的婚姻有违礼仪，所以叫"野合"。

唐人的解释并不足信，较合理的解释是：所谓"野"，就是未经礼聘，"野合"即未经媒聘俩人就同居。同居期间，征在到尼丘祈子。尼丘就是尼山，是沂水发源地，距梁纥的陬邑约十里。山上树木繁多，流溪潺潺。山上有一天然石洞，大概有两间房子那么大，内有天然形成的石床、石枕、石几，是女神或女神显灵的洞，叫作坤灵洞。

后来，颜征在生了一男孩，这就是孔子。

孔子出生那天是鲁襄公二十二年的农历八月二十八日。刚出生的孔子头顶中间低、四周高，像山丘一样，所以取名曰丘。孔子是母亲在尼丘山求子后所生，且排行老二，所以孔子字仲尼。

3. 寡母情深

孔子三岁时，叔梁纥生了一场大病，很快就去世了。孔子的母亲颜征在才二十几岁，就突然成为寡妇。

在当时的社会里，不经媒聘允许自由同居。古有"仲春之月，令会男女，于是时也，奔者不禁"的习俗。孔子母亲与叔梁纥野合时是不受限制的。所谓"聘则为妻，奔则为妾"，有条件的男子"野合"后可以把女子娶回为妾。古代男女仲春合会时，一般都要"祭祀高禖""被禊"。"高禖"是负责人间生育的女神，"被禊"是在河里洗净全身，以便求子得福。因此，当时男女欢会多在河边。这种随意性非常大的结合，在当时妇女地位低下的社会背景下为女人造成了诸多不幸。有地位的家庭中先"野合"后生子的妾，往往受到歧视。鲁大夫声伯的母亲未行媒聘之礼，生下声伯后就被赶出丈夫家，改嫁到齐国就是例子。颜征在也遭到了不幸。

叔梁纥死后，他的正妻施氏就成了一家之主。施氏为人心狠手辣，孟皮的亲生母亲早被她折磨死了。孟皮是个残疾人，施氏当然不会喜欢这个有毛病的、别的女人的孩子。颜征在虽然让孔家有了健康的后人，但她与叔梁纥的婚姻没经礼聘，所以也常受施氏的气。颜征在只好带着三岁的儿子搬到娘家所在的曲阜城里。

如果叔梁纥在世时不给施氏那么大的权力，或者带头尊重颜征在，可能在他死后，颜征在不会搬出去。这一点使颜征在的感情深受伤害，孔子长大后，她也不告诉孔子关于叔梁纥的情况。《史记·孔子世家》说"孔母讳其墓"，《礼记·檀弓》说"孔子少孤，不知其墓"。颜征在离开孔家后，再也没同孔家有过任何联系，勇敢地担起生活的重担。

颜征在年纪轻轻就开始守寡，带着两个孩子谋生曲阜，难以想象

她该克服的困难有多少。曲阜虽是她的娘家所在地，但是从她父亲把她嫁给一个老头子这件事来看，她娘家并不富有，也没有社会地位，所以不会给她太多援助。可见，颜征在为了两个孩子，要付出的艰辛一定非常多。她教育她的孩子要坚强，否则长大后可能生存不下去。孔子理论中就有强调坚强的意志力的观点，这与年少时母亲对他的教育密不可分。

曲阜是颜族聚居区。据《史记·仲尼弟子传》记载，孔门弟子中已知姓名的七十多位学生中，颜姓有九人，且全是鲁人。鲁，指的是曲阜，可见该城颜姓较多。孔子的颜姓学生以及春秋时的史料上记载的其他颜姓人物，全不是鲁贵族。所以当时住在鲁城的颜族很可能都是普通百姓。颜征在回归故里后，住在城西南的平民区。邻居中有一位妇女也是从陬邑迁来的。那位妇女的儿子叫挽父，可能是位车夫。颜征在没有社会地位，没有固定收入，也没有别人的慷慨资助，谋生之路极为坎坷。

颜征在心地善良，极富同情心。如果不是这样，她对孟皮的处境是不会同情的，也不会带孟皮到曲阜去。颜征在的仁慈之心以及日常所做的一切善举，对年幼的孔子都会产生影响。母亲的行为和精神境界，被成年后的孔子概括为"己欲立而立人，己欲达而达人"。

一个年轻的寡妇，带着两个年幼的孩子，生活条件一定不好。所以，颜征在自然要拼命地劳作，为了自己和两个孩子终日操劳。把孩子培养成人，让他们有社会地位，重新恢复他们祖先的贵族身份。孔子从小生活在这种环境中，母亲艰苦奋斗的精神深深地影响了他。

孔子年少时可以到当地农闲时节举办的平民学校里学习，但他更多时间是在帮助母亲种田、种菜、放牧。孔子从小就积累了很多生产实践知识，所以后来他担任季氏乘田时，能够做得很好。孔子后来回忆自己的少年生活时，十分感慨地说：

吾少也贱，故多能鄙事。

鄙事，是老百姓为了生存所做的低微的工作。生活的重担沉重地压在这位贫苦少年的身上。颜征在在生活的重压下，苦苦挣扎。透支生命，使她未老先衰。颜征在三十几岁时，便离开了人世。

颜征在去世的具体时间，史料上没有明确的记载。《史记·孔子世家》认为是在孔子十七岁之前。

孔子很想把母亲与父亲合葬在一起，但他丧父时才三岁，所以不知道父亲葬在哪里，只好将母亲浅葬于五父之衢。丧事办得非常周到，以至于看见的人都以为是正式安葬，而不是临时浅葬。

颜征在在孔子的父亲刚刚去世时，就被正室夫人欺负，所以颜征在不知道孔子父亲葬在何处，周围的人更不知道。对于这个问题，孔子只有向叔梁纥的同乡陬邑人打听。

一个叫曼父的人与叔梁纥是同乡，也是陬邑人，他的母亲知道孔子父亲葬在何处。

当年，孔子的父亲叔梁纥去世后，葬于鲁东的防山。现在的曲阜城东有一地方叫梁公林，那就是孔子父母的墓地。

二、立志求学

1. 奋发图强

母亲去世后，孔子从挽父的母亲那里，当然也可能是从别人那里，详细地知道了父亲叔梁纥的身世和事迹。知道这些之后，毫无疑

问给这位丧母后无所依靠的贫苦少年带来巨大的喜悦。他希望父亲生前的地位能帮助自己在社会上立足。可是没有多久，他所遇到的一件事就使他懂得，如果不依靠自己的努力，光是凭借听来的显赫荣耀家世，是不能使自己在世上立足的。

鲁昭公七年（公元前535年），孔子十七岁时，鲁执政大夫季武子举行宴会招待士。士在当时还属于下级贵族阶层，虽地位较其他贵族低，但毕竟是进入上层社会的起点，所以许多士一般都接受过非常好的贵族教育，是政府选拔官员的重要来源。季武子是政府首脑，他家的士宴显然出于政治需要，而且与当时鲁大夫孟僖子出国赴会而不能相礼一事很可能有关。

这年，章华台建成，楚灵王邀请各国诸侯出席落成典礼。三月，鲁昭公在孟僖子的陪同下一同赴楚。他们经过郑国时，郑简公在城门迎接他们。作为鲁侯副使的孟氏，不知该怎样对郑简公相礼；到了楚国，楚王在城外举行郊劳礼，他同样不会答礼。鲁国是礼仪之邦，可鲁国君臣竟然在外交礼仪场合出此洋相，当然很不体面。这件事在鲁政府中产生很大的反响。九月，孟僖子回国后，马上开始研究礼仪，并虚心向懂礼的人请教。季氏在这年举行士宴，大概也是受此启发，寻找熟悉礼的人才。

孔子虽然出身于士的家庭，但他父亲的早逝使他并没有亲身体验过士的社会地位是什么滋味，相反他感受到的全是生活的艰辛，是近似于庶人地位的艰难。涉世未深的孔子听到士宴的消息，以为他父亲叔梁纥是有名的武士，他本人世袭父亲的武士地位，自然也属于士。季氏宴请士，那他赴宴是具备资格的。孔子大概想借机挤入上层社会，看一看是否能在上层社会立足，因此穿着孝服朝季氏家走去。

可是孔子根本进不去季氏家门，他被季氏的家臣阳虎拦在门外。阳虎冷嘲热讽地训斥孔子："季氏宴请的是士，你干什么来呢？"孔子雄心万丈地来赴宴，阳虎这盆凉水，把这个十几岁的穷孩子泼呆了。

孔子不敢与人争辩，只好转身走了。这是孔子当时遭受到的最大的侮辱。对于一个有抱负、有理想的穷青年来说，这种打击是难以承受的。这个屈辱的打击，孔子一辈子都忘记不了。这件事激励他励精图志、发奋图强。

我们从这件事上可以看出，孔子没有忘记自己的身份。孔子可能从母亲那里知道孔家是圣人之后，祖上曾经是贵族，位高权重、地位显赫。孔子努力进取的初衷，也许是为了保住士这个地位。孔子母亲给了孔子非常好的品质，孔子父亲留给孔子的却是一个已经不被贵族阶级认可的士的社会身份。

孔子可以忍受物质生活的贫穷，但是被人羞辱却难以接受。孔子当时已经算是一个知识分子，他已经懂得了士可杀不可辱的道理，羞辱他比杀死他还要让他难受，他对此印象深刻。司马迁说"孔子贫且贱"，而孔子说自己"吾少也贱"。改变这种低人几等的社会地位，是孔子一生的奋斗目标。

2. 自学之路

孔子从小就喜欢学习，诗、书、礼、乐等传统文化对他都有吸引力。艰苦的生活环境一方面迫使他为了生存去从事吹鼓手这一类的工作，另一方面也促使他发奋学习，努力追求自己的人生目标。

年轻的孔子必须依靠自己的力量才能取得成功。

孔子青少年时期的学习分两个阶段：十五岁以前就读平民学校，十五岁以后自学。

平民学校对于孔子来说，起到的是启蒙的作用。孔子在那里既学到一般的文化课和初步的军事知识，又受到了传统礼仪活动的熏陶。他以后的自学全仰仗于此。

古代平民学校，设在平民居住区，每年的秋收后开始上课，教师由当地人充当。基本的文化知识和军事训练就是这种学校的教学内容。孔子母亲支持孔子在农闲时入校学习。孔子后来熟悉射、御，懂

得军事，全是在这时打下的基础。

孔子家乡当时举办的大型民间礼仪活动对少年孔子很有吸引力，"孔子为儿嬉戏，常设俎豆，设礼容"。孔子小时候模仿成人祭祀而玩的游戏，就是他学习礼仪的开始。百姓在参加大型礼仪活动时的兴奋状态给孔子留下深刻的印象。他成名以后，一有机会就去观赏腊祭，并参加在乡校举行的乡饮酒礼。随着对知识渴求的增长，平民学校已不能满足孔子的求知欲望。贵族学校的课程很正规，也很吸引孔子，但他没有入学资格，所以孔子决心自学。他从十五岁便开始自学，诗、书、礼、乐等都是他为自己开设的课程。

礼，是社会礼仪和制度；乐，主要是配上诗，用在有关礼仪场合的乐曲。礼和乐没有专门的书，这方面知识只能靠广泛收集，向别人学习才能掌握。孔子为此做了大量工作，用常人不能想象的热忱全心投入其中。孔子学习的内容不仅仅限于礼乐，神话传说、历史故事、民风民俗、天文历法、地理博物等都是他学习的范围。

"礼"字的演变经历了三个阶段。

"所以祀神致福"之器是礼字的最初含义。古代祭礼要举行一定的仪式，祭祀之器要有祭祀之仪相配合，因而后来祭祀的仪式就叫作礼。这其实就是礼字演变的第二个阶段。

周公所制之礼，并非仅指祭祀的仪节，其中还有政治制度和一般行为的准则。这是礼字演变的第三个阶段。

因此，一直到周公时，礼字才具有人文的含义。

人是生活在社会其中的，一个社会当然要有制度，有规范，这种社会规范，就是礼在人的观念上的反映。在这个意义上，应该说礼的观念起源于原始社会。考古学家发现龙山文化和大汶口文化的墓葬中，均有年龄相仿的男女合葬墓。这说明当时已有一夫一妻制的家庭，当时已有"礼"。"孝"的观念的产生，是从以血缘为纽带的氏族社会开始的。当时生产力水平低下，自然界的变化可以左右人类的生活、行为等，血缘的亲情会很自然地发展为崇拜祖先，并祈求祖宗神灵保佑自己。孔子说大禹"致孝于鬼神",就是这种情况。个体家庭经济出现于氏族社会后期。那时,子女继承父母财产的权利已被社会认可,子女赡养父母的社会责任当然也确立下来,成为一种义务。"孝"的观念从此根深蒂固。

礼的意识在文明社会进一步增强了。

礼学盛行是从西周开始的。这首先要归功于周公。《尚书大传·康诰》说:"周公居摄三年,制礼作乐。"周礼的很大一部分是周公制订的。

确定周礼以后,随着社会的不断进步和发展,礼在人们日常生活中的作用越来越重要。《左传》上说:

> 礼,经国家、定社稷、序民人、利后嗣也。
>
> 礼,国之干也。
>
> 礼,上下之纪,天地之经纬也,民之所以生也。

至此,天命鬼神观在人们意识形态中的主导地位已由礼彻底取代,礼成为一个国家的立法依据。

孔子立志发奋学习以后,潜心学习六艺,并且不断付诸实践,从实践中吸取经验。这样,孔子在当地渐渐有了名气,成为众人夸奖、学习的楷模。他尊重老年人,在乡里举办的饮酒仪式结束后,一定要让老年人先退席,他自己则远远地跟在老人后面。

一切新鲜事物都能引起孔子浓厚的兴趣。每每碰见不懂的事,他都会虚心请教。鲁始祖周公旦的宗庙陈列着许多文物古器,是学习周、鲁史迹和有关典章制度的最佳场所。鲁国常在此举行政治礼仪活动,孔子一有机会就来观摩,每遇到不懂之处就到处讨教。有人特别不理解,说:"谁说叔梁纥的儿子懂礼?他到了周公庙,怎么事事都问啊!"孔子听到后说:"这就是礼呀!不懂就问,这才符合礼!"

3. 民间相礼家

孔子在十七岁时丧母，十九岁时娶了宋国的亓官氏为妻。孔子二十岁时，亓官氏给他生了一个男孩。鲁国国君听说孔子得了儿子后，特意让人送来贺礼——一条鲤鱼。孔子拿着贺礼，觉得很荣幸，所以给儿子起名鲤，字伯鱼。阳虎赶孔子出季氏门之事不过发生在两年前，但现在的孔子跟当时相比已大不相同。

现在可以断定，当时的孔子已在社会上可以立足了。他娶妻生子这两件事，表明他肯定是一个很能干、很懂礼、受人爱戴的人，也一定在曲阜城里有了不小的名气。否则，一个一事无成的毛头小子，很难从宋国娶来一位姑娘，国君更不会送他贺礼。

孔子此时也已经完全成熟起来。他身材高大，相当于现在一米九高的高大男子，大家都叫他"长人"；他额头宽阔，双目平正阔长，目光纯净，看上去既健康又聪明。他办事认真，对人温和，但不苟言笑。

有了家庭、儿子之后，孔子出于谋生的需要，常担任丧祝——一种职业的民间术士，靠为别人办丧事赚钱。

鲁昭公二十四年（公元前 518 年），孔子三十四岁时在京师洛邑跟随老子助葬，这是史料上记载的最早的孔子相礼助丧的事例。在送葬途中，正好碰上日蚀。孔子当时大概担任丧祝，走在前面引导灵车，老子命令他把灵车停下来。孔子当时一定经验丰富，认为中途止柩与礼不合。

在当时，丧礼活动复杂而考究，这在古代礼书上有所记载。从人死到下葬前的礼仪程序竟有五十余项，沐浴、饭含、袭、设重、小敛、小敛奠、大敛、大敛奠、殡、朝夕哭奠、朔月奠与荐新、启殡、载柩、行柩、朝祖等每一样也不能缺少。这些程序都要依靠丧祝指导才能做得正确。丧祝的一举一动都有严格规定，各个程序要用的丧具、丧具的使用和放置等，也都有严格的要求。丧祝对参加丧事的亲友，也要做些指点。如此复杂而谨严的相礼工作，只有谙悉丧礼的专家才能胜任。孔子这次在京师担任丧祝，还能跟老子这样的习礼大师讨论"止柩"与否，说明他对相礼已经相当熟悉。孔子在此之前，一定从事过专门的助丧相礼之事，否则不会有如此丰富的经验。这项工作，他曾断断续续地干到晚年。在他旅居卫国六十多岁时，还为卫大夫司徒敬子的丧礼进行指导。孔子与其门生经常讨论的话题也离不开相礼，这已成为他教学内容的一部分。他的门生中，有许多后来也成为相礼家。孔子晚年回忆说：

> 出则事公卿，入则事父兄，丧事不敢不勉，不为酒困，何有于我哉！

一个职业相礼家的工作态度就显于其中。

没有人知道民间相礼家出现在什么时候，可能是由古代宗教神职人员发展来的。古代神职人员的叫法很多，巫、祝、卜、史等都是很普遍的称呼。在宗教世界里，他们是神、人之间的纽带，可是他们的职守并不相同。可以说巫是靠舞动肢体来降伏神的，祝凭借言辞向神祷告，卜和史的特长是占卜和策书。这些神职在殷墟卜辞中都有记载。《礼记·典礼》记载，天子建官时有六大要臣，分别是：大宰、大宗、大史、大祝、大士、大卜。六大即六卿。人事由大宰、大宗、大士负责，大祝、大史、大卜主管神事。他们全是高官。后来，随着社会的进步，神职人员的重要性开始下降。所以编纂《周礼》时，后人把大宰、大宗排于卿位，大史、大祝、大卜居下大夫之位。但在他们中间仍存在差别：占有宗教学术和文献方面优势的史和卜，仍能对国家事务产生影响，所谓"古官名多从史出"就是在说这一点；巫祝的地位下降得比较明显，只有在一些纯宗教性的场合他们才可以出现。在"王官失守"的形势下，从事巫、祝的人自然最早散入民间，有的便成为相礼助丧的民间术士。孔子就是这样的民间术士。

当时的相礼者，头戴礼帽，身着礼服，那帽子和衣服，被孔子

的学生公西华叫作"端章甫"。章甫是古代礼帽的一种，是用黑布做的，又称"缁布冠"。端是相礼所穿之礼服，也用黑布制作，故又名"玄端"。据说这种制服是一种衣与裳分开的上衣，与日常穿的长衣不同，它的长度没到膝盖。这样的衣服在相礼时行动方便，丧祝相礼时负担繁重，穿用这种制服很有必要。端，也是一种古襦衣，襦与儒同音而假，儒字本身就有短的意思，所以人们把身穿此种襦衣的相礼家称之为"儒"。孔子及其门生相礼时，当然要依礼穿这种襦衣，因此他们也成为"儒"了。孔子终身从事相礼是出于对礼的认识和由礼产生的礼仪活动的尊崇。孔子对礼的认识，是在生活中不断深入的，他在青年时代相礼是为了谋生糊口。以相礼助丧为衣食来源，在当时也是不大体面的职业。孔子以后的一些儒者，仅把相礼做为求食之道，不去深刻认识礼，日益丧失了礼仪活动的本来意义。因此，后人批评道：

> 五谷既收，大丧是随，子姓皆从，得厌饮食。毕治数
> 丧，足以至矣。因人之家以为翠（膵），持人之野以为尊。
> 富人有丧，乃大说（悦），喜曰：
> "此衣食之端也！"

毫无疑问，这已带有很明显的揶揄，也反映出当时的一些儒者生活穷困。神秘而高贵的神职几代后竟成为谋生的江湖方术，不能不让人心痛。正是这种演变使孔子的相礼活动侧重世俗性，尽量将宗教色彩淡化，并引导他把对礼的注意力转向礼与社会直接相关的层面上。

除了做民间术士之外，孔子在二十岁左右时，还在季氏家里干过两次差事。其中一次是做委吏，另一次做乘田。管理放牧牛羊的事是乘田的职责，委吏相当于现在仓库的会计。孔子在做这些事时，态度十分认真。他管理放牧，就尽力让牲畜肥胖强壮；管理仓库，他就精心理账。孔子把这些不起眼的工作当成学习做人的机会，从小处表现

自己、展示才能。孔子晚年时说自己年轻时做过许多鄙贱的工作，大概包括做乘田和委吏。

4. 请教名师

孔子青年时，郯子来鲁国访问，孔子曾向他求教。郯子的指导后来影响了孔子的思想。

郯子是郯国国君。郯是鲁国东南的己姓小国，也就是现在山东省郯城附近。鲁昭公十七年（公元前 525 年），郯国国君到鲁国访问，鲁昭公率群臣款待他。在宴会上，鲁大夫叔孙昭子问郯子为什么少昊氏用鸟名作为官名。少昊是一个古部落，其故址在现在的曲阜。西周初年，周公长子伯禽代父受封于此。郯子是少昊部落的后人，所以可以回答这个问题。郯子讲述了其中的缘由。郯子告诉叔孙说：

"从前黄帝氏用云来记事，所以命名百官时用云；炎帝氏用火来记事，所以命名百官时用火；共工氏记事用水，命名百官时就用水；大昊氏记事用龙，命名百官时就用龙；少昊氏即位时，正值凤凰到来，所以命名百官时用鸟。少昊氏以鸟命名百官的名称有：凤凰氏，总管天文历法；玄鸟氏，分管春分、秋分；伯劳氏，分管夏至、冬至；青鸟氏，分管立春、立夏；丹鸟氏，分管立秋、立冬。此外，祝鸠氏，任司徒；雎鸠氏，任司马；鸤鸠氏，任司空；爽鸠氏，任司寇；鹘鸠氏，任司事。这五鸠，是负责安定和召集大众的。五种手工业官用五雉来命名，其作用是改进用具，统一尺度和容量。农业官有九种，用九扈来命名，其作用是使农夫致力于农事，安居乐业。自从颛顼以来，远古的事情无从考证，只好将较近的事记叙清楚。命名管理民事的官改用民事本身的名称，是因为不能照搬过去的老一套。"

孔子听说郯子的大论后，十分钦佩，就立刻去拜见郯子，请郯子把古代郯国的这种惯例，详详细细地再讲一遍，以丰富自己的历史知识。事后，孔子对别人说："过去听说，周天子那里没有人主管这种学问以后，这种学问只在四方蛮夷人那里才能学到，看来真是如此。"

从此事可以看出，孔子对待学习是非常虚心、认真的。这一点，从他向师襄子学习弹琴的事情上也能看出来。

师襄子教孔子弹琴十天过去了，孔子还总是只弹一首曲子。师襄子说："这首曲子练习十天了，再选一首新曲子弹吧。"孔子说："这首曲子刚刚弹熟练，一些高难度的技巧还没有领略呢。"过了一段时间，师襄子又说："看来弹琴的高难度技巧你已领略了，现在可以学新的曲子了"。孔子说："我还没有品味出曲子的神韵，没有抓住它的主题。"又过了一段时间，师襄子说："你已经抓住这首曲子的神韵了，可以学新曲子了。"孔子说："我还没有懂得这首曲子的作者是什么样的人，没有深入他的内心世界。"又过了一段时间，孔子庄重、默然地向远处眺望，说："我现在知道这首曲子的作者是什么人了。这人长得黑，高身材，胸怀大志，要统一四方，一定是周文王。"师襄子听后立即离席行礼，说："这首曲子就叫作《文王操》啊!"孔子学琴的故事可能是历史传说，是后人不断加工、演绎出来的，不会是百分之百的事实。不过孔子对待知识、技艺的认真态度，确实可以从中反映出来。

孔子在求学道路上，不仅仅向名人请教，普通人更是他经常请教的对象。他向所能遇见的一切有学识、有一技之长的人请教，从他们身上不断学到自己缺少的知识。他曾反复强调：

> 十室之邑，必有忠信。
> 见贤思齐焉。
> 三人行，必有我师焉。

可以说孔子这种虚怀若谷的好学精神，为他日后成为圣人打下了良好的基础。这种精神使他的学识远远超出了"六艺"的范围，成为当时少有的百科全书式的学者。他努力做到学思结合，把学到的知识尽可能地用于实践。他说：

吾尝终日不食、终夜不寝，以思，无益，不如学也。

孔子是我国历史上第一个自学成才的名人，是在没有任何成功经验可借鉴的情况下靠自学获得巨大成就的人。

第二章　创办私学

一、官学的衰败

　　孔子在三十岁之前对自己的未来做了一个决定性的选择，那就是创办私学。从那时起，年轻的孔子便长期从事文化教育事业，并且终其一生，成为我国历史上创办私学较早、成就最大的著名教育家。孔子办私学，是西周末年之后"文化下移"的必然结果。孔子办私学推进了"文化下移"的速度，是中国古代教育史上开天辟地的大事。

　　春秋以前的教育体制极其封闭，是一种"学在官府"的状况，也就是国家的一切重要文化典籍、礼乐制度及其教育完全归王室的专职官员负责。居于世袭统治地位的贵族阶级把持教育权，只有贵族子弟们才享有受教育的权利。这种由世袭贵族垄断的封闭教育体制被后人称为"官学"。

　　古代的学校分为贵族学校和平民学校。贵族学校有小学、大学两级，全是国家设立的。贵族子弟先入小学，然后自然地上大学。大学设"六艺"，也就是礼、乐、射、御、书、数等课程，由国家委任的学者执教。至于平民子弟，则享受不到这种官办教育。

　　"文化下移"是由"官学"转向"私学"，是社会发展的必然结果。因为"官学"虽然在文化建设尚属知识积累阶段时发挥过极大的作用，但西周中期以后，政治经济发展迅速，周王室同各地封国的交往增多，社会各阶层都要掌握知识，旧的文化体制必须打破。王室衰微后，中央政府被驾空，文化十分顺畅地开始"下移"。

"文化下移"在秦以前经历了两个阶段。第一阶段，是文化由中央分散地方。周平王东迁前后就开始了这一阶段。西周厉、幽之乱和平王东迁之初的混乱局面使得文化公职人员纷纷迁到畿外封国，所以孔子说"天子失官，学在四夷"。

流入各封国和边鄙四夷的文化公职人员带去了他们故国的传统文化。

当初，周人封邦建国时，畿外封国只是散布在广大占领区的一些军事要地，地盘都不大，只不过方圆百里。经过二三百年的扩张、兼并，有些封国日益强大，形成一个个独立的领地。最初，他们的模仿周礼或与当地礼俗相结合的政治文化制度很不完善，加上他们经年的军事活动和部落殖民的落后统治，使他们对日益完善的周室典章制度相当陌生。当这些国家逐渐繁荣后，迫切要求改变这种现状，有的国家在礼仪上甚至要求和周天子享有同等的待遇。因此，他们都十分欢迎王官的流入，因为王官可以帮助他们重修礼乐。

史角是西周成、康之世的著名史官史佚的后人，他应聘至鲁，成了鲁国史官。鲁国原是周公伯禽的封国，文化典籍和礼乐制度完备。连鲁国都请周室王官做本国史官，其他国家就更需要了。大批王官流入诸侯各国，使中央和地方的文化交流得到加强，传统的礼乐制度也兴盛起来。后世史家称厉、幽之后"礼崩乐坏"。事实上并非如此。王官流散后，将礼乐制度和大批文化典籍带到各国宫廷之中。现存的古籍反映西周时期各国历史的很少，平王东迁后的较多。各国著名史官、乐师也都出现在平王东迁以后。

春秋后期是"文化下移"的第二阶段，大批文化公职人员至此开始从各国官府走向民间。这是因为当时的生产力提高了，导致私有经济蓬勃发展，战争和各国内部权贵的争斗增多，旧的贵族制度日益落

后，文化贵族的世袭地位开始终止。文化官员开始纷纷走出官府，散居民间。他们有文化专长，所以有人在各种礼仪活动中相礼，有人为人师。他们的流散，为民间私学的兴起做了准备，而民间的私人设教讲学，同样加速了"文化下移"的进程。到了战国，私人讲学之风已被上流社会认可，形成了诸子百家相互争鸣的局面。

虽然孔子不是兴办私学的第一人，但他却是兴办私学最为成功的一人。

二、独树一帜

1. "六艺"之道

孔子在办学过程中，同在鲁办学的王骀、少正卯等人有过竞争。《庄子·德充符》记载，王骀在鲁国的学生和孔门相等；《论衡·讲瑞篇》也说少正卯同孔子竞争时，孔门"三盈三虚"。他们既然同时在鲁国办私学，有竞争也很正常。强者必胜，孔子的私学不断取得成功，并声名遐迩，其他私学逐渐没有了生源，就是从侧面证明孔子办学确有其优胜处。

孔子制定的教育目标和教育内容，是为了对学生在德、智、体、美等方面进行培养。孔子教学不仅全面，而且注重实用价值。《论语·述而》称孔子有"文、行、忠、信"四教。《史记·孔子世家》说"孔子以《诗》《书》、礼、乐教"，这就是他开授的主要文化课程，加上孔子晚年添加的《易》《春秋》，合称为"六艺"。这与传统"六艺"相比，既实用又丰富。

在传统"六艺"中，礼、乐也包括《诗》，但礼、乐所结合的

《诗》是与礼仪活动相关的祭诗和颂诗。孔子在教学时特别强调《诗》的各种社会作用，不局限于与礼仪相联系，使它成为一门独立课程，与礼、乐并列，是学生们必修的。

《书》是孔子的历史教学内容。当时的《书》没有统一定本，是依时代分编，散存于世的，《夏书》《商书》《周书》等就是如此，它们的内容主要是春秋以前的历代政治文献和社会传说。把这些尚未合编的各代文献资料作为系统的历史教材，是孔子首创。在此之前是否有专门的课程教授《书》，无明确记载。孔子传授的"书"为文化课，不是讲授历史文献。春秋中期以后，在评论时事或讲述自己的意见时，一些贵族人士引述《夏书》《商书》《周书》的词句开始增多，纷纷从这些历史文献中学习政治经验。孔子传授《书》，正是适应社会需求。

礼、乐是孔子从以往"六艺"中照搬的课程。礼的内容基本上是依照传统，讲授礼典、礼仪。随着孔子思想的深入发展，孔子逐渐注重对礼所体现的亲亲、尊尊等层面进行挖掘。

孔子认为读《诗》能让人的情感得以流露，精神振奋，帮助人立志；学礼可以使人学会做人，在社会上立足；乐可以陶冶人的性情。乐与诗、礼中的审美情趣可以使人产生崇高、高尚、善良等等感情，让人热爱生命、识别善恶，在人格上完整，从而有一个有意义的人生。

历史的、阶级的局限令孔子的教育目标中没有"劳"的要求，不过当时孔子的培养目标还是非常全面的，他把对人的教育、培养，看做是塑造完美人生的过程。

2. 有教无类

"有教无类"是孔子办学的基本方针，即招生对象不分富贵贫贱和氏族国别，一律同等看待。

这在孔子的教育思想中，是划时代的、有创举性的。可以说短短

四个字，把历史分成落后的和进步的两段。

在春秋之前，"学在官府"，受教育是一种特权，办教育也是一种特权。办教育的目的是为统治者培养接班人。在统治者看来，各种官职都是世袭的，其他人没有受教育的必要。这样，在教育这个问题上，人就被分成了两大类：有权受教育和无权受教育。有权受教育的有权办教育，无权受教育的无权办教育。

"有教无类"提出后，孔子面向整个社会大量招收弟子，出身、贫富、贵贱、地位、职业、国别、性格乃至品行志向全不考虑，只要想上学，孔子便接收。"性相近也，习相远也"，孔子的意思是说，人在本性上是大体相近的，只是由于后天沾染上的习惯不同，才使人与人的品行产生了极大的差异。他觉得一个人的品行通过教育和学习可以改变。

孔子不但提出了这一思想，而且忠实地履行了这一思想。他的弟子中既有孟懿子、南宫敬叔这样的贵族子弟，也有大量普通人家的子弟；子贡、冉有、公西华等学生的家庭富裕，颜渊生活虽然极为贫困，但也是他的弟子。另外，孔子的弟子中，还有一些贱人。他们志向相远，性格不同，有的犯过罪，有的做过强盗，还有的曾是流浪汉，参差不齐。就这样，孔子招收的学生多达三千人。这真是一个奇迹！

孔子对这些出身微贱、没有学过文化的普通青年，不仅欢迎，而且指引他们走上正确的道路。他帮助克服，他们的缺点毛病，尽心尽力地使他们成为优秀的人。孔子私学的大门就是向普通民众敞开的。

孔子办的私学不断扩大，不仅接收了更多的平民子弟，还有不少鲁国以外的青年前来求学。这些弟子交纳学费不多，只要献上"束脩"，也就是十条干肉，或相当于"束脩"的见面礼，即可入学。这也是对旧的贵族教育体制的一个重大突破。

提出"有教无类"的思想，孔子主要出于以下几点考虑。

首先，孔子从自己的经历中体验到，受教育的权利人人都应当有，办教育也是如此。

第二，"有教无类"是在教育问题上贤人政治的必然反映。从周朝开国，贤人政治就有所显露。诸侯称雄称霸，而贵族及其子弟不学无术的较多，他们虽然在世袭制度下取得官位，但没有能力处理政务，所以要在平民中启用贤人。

这种客观现实对人才的需要，迫使人们改变办教育的观念，在民间发展私人教育，大力培养人才，增加人才的来源。

第三，"有教无类"是孔子仁德精神的体现。仁德的要求是爱别人，爱众人，所以他最直接的方式就是招收弟子，关爱学生。

第四，"有教无类"是孔子"性相近，习相远"理论的证明和应用。

他认为人在本性上是没有根本差别的，通过教育，都可以成为有用的人。

3. 学以致用

"学以致用"虽然不是孔子说的，但它是孔子教育思想的最佳归纳。一个人满腹经纶，但把政务交给他却不能胜任，派他出使外国，也不能完成预定任务，那么学得再多，又有什么用呢？学是为了应用、提高能力的。

孔子根据贤人政治、办学是为培养人才的目的提出了"学以致用"。子贡问孔子"什么样的人才能称得上是士。"孔子答道："行己有耻，使于四方，不辱君命，可谓士矣。"把学到的道德要求贯彻在自己的行动中是"行己有耻"；"使于四方"是一种从政的能力。孔子非常重视古代的文献研究，但他并不是为了搞纯学术研究而去研究那些文献，他是为了寻找解决遇到的实际问题的办法，把古人当老师。

孔子的整个学说可以说都有"学以致用"的特点。他讲得最多的道德问题、道义问题，也具有功用目的。他说"修己以敬人""修己以安人"，都表明给老百姓与国君带来好处才是最终目的。后来的修

身、齐家、治国、平天下的逻辑，就表明孔子真的是希望人人都能够"学以致用"。

4. 因材施教

在教学方法上面，孔子有许多开天辟地的创造，其中有些见解即使是在今天，也是正确的。"因材施教"就是其中最有代表的。

孔子发现，人与人之间在许多方面都有差异。这些差异可以在性格、能力、智力、品德、学习态度等方面表现出来。因此，他注意分析每个人的特点，根据这些不同特点，有针对性地实施不同的教育。

宋儒程颐说："孔子教人，各因其材，有以政事入者，有以言语入者，有以德行入者。"明儒王阳明说，孔子因材施教就像医生治病，"随其疾之虚实、强弱、寒热、内外，而斟酌加减，调理、补泄之"。

孔门弟子可以说三教九流的人都有，年龄、出身、阅历、性格、智力、品行各各不同，最理想的施教方法的确是"因材施教"。孔子在教学实践中非常有效地贯彻了"摸脉抓药"的施教方法。

所以，几个学生向孔子问同样的问题，孔子的回答可以有好几种。孔子的回答是针对每个人的特点的。司马迁在《史记·仲尼弟子列传》中讲到司马牛时说："司马牛多言而躁，问仁于孔子。孔子曰：'仁者，其言也讱。'"翻译成白话就是说："因为司马牛爱说话且多嘴多舌，脾气又暴躁，所以孔子告诉他有仁德的人话不多，说起话来让人以为他很迟钝。"指出司马牛在性格上的弱点。颜渊是孔子学生中最有学识的一个，孔子对颜渊的回答也比较深刻，可以跟他探讨礼与仁的关系。颜渊不能立刻理解"克己复礼"为什么是仁，请孔子进一步讲解，孔子的回答很简洁。樊迟的悟性差，所以孔子对樊迟的回答比较具体，告诉他仁就是要爱别人。冉求有从政的才能，孔子认为他可以做一个地方官。所以当他问孔子仁德是什么时，孔子的回答全是可以在为政中应用到的道理。子张办事情好走极端，过于偏激，在与人相处的过程中不厚道。所以他问孔子什么是仁德时，孔子讲的都是如何待人的问题。

孔子在"因材施教"方面，还有一个典型的例子：子路有一次问孔子，如果别人说什么事不错，可以试一下，那么能马上就试吗？孔子说，父亲与哥哥都还在世时，就要同他们商量。可是当冉求也问这个问题时，孔子说应该立即就试！公西华感到有些迷惑不解，问孔子为什么两个人问同一个问题，回答却不一样。孔子说："冉求胆小，做事容易退缩、保守，所以我鼓励他胆子大些；子路莽撞，做事不计后果，所以我要限制他一下。"

能做到"因材施教"，首先归功于孔子聪明、善于观察。其次，孔子爱他的学生也是一个非常重要的原因。如果他不爱学生，不想把他们培养成才，又怎能这样认真地区别对待呢。"因材施教"不仅仅是教育方法的问题，更是爱学生、有职业道德和敬业精神的问题。只有像孔子那样爱学生的人才能做到"因材施教"。

5. 举一反三

孔子做为人师，在整个教学活动中，无疑是要传道、授业、解惑。但并不是所有的学生都能积极主动地探索求知，有的学生还是被动地接受，所以孔子在教学过程中，还采用一种激发学生学习的积极性和主动性的教学方法。这就是启发式的教学方法。孔子说："不愤不启，不悱不发。举一隅不以三隅反，则不复也。""愤"和"悱"，都是形容学生渴望得到知识的急切状态。"愤"是学生"必求通而未得之意"，即学生思考后理解了老师传授的一部分内容，但不能彻底明白，孔子认为老师在此时给学生指点一下，学生就会有很大的收获，能取得非常好的教学效果。如果学生没有反复思考，没有求知欲望，教师就不必急着给他讲课。"悱"是学生"口欲言而未能之貌"，也就是学生在把自己的思想表述出来时，表达得不清楚。老师在这时候给学生指点一下，就能对学生有较大的帮助。如果不是这种情况，老师不必告诉学生应当怎样表达。启发一词，就是从孔子的这段话中

来的。

只有通过学习才能使人们获得知识，因此，在求知的道路上，孔子把"学"放在最先的位置上。

孔子在实际的教学活动中，既敦促学生发奋读书，又鼓励学生学会思考，而且要学思结合，举一反三。

在孔子与子贡的一次对话中印证了这一思想。子贡问孔子，人在贫穷时，能为了保持自己的人格独立，不奉承有钱有势的人；而有钱的人也不依仗权势财富欺负人，做到了这些怎么样呢？孔子说这样当然不错，但是，还不如安于贫穷，按照礼的要求约束自己好些。子贡这时突然想起了《诗》中的一句话，这句话是"如切如磋，如琢如磨"，很像他们讨论问题时一遍遍研究、探讨的情景。孔子很高兴地说，子贡现在可以与自己一起讨论有关《诗》的问题了，因为子贡具有了展开问题、展开思路的能力，可以举一反三了。

关于这一问题，还有一个典型例子。

孔子门徒中有一个好学生叫子夏，他对《诗》中的"巧笑倩兮，美目盼兮，素以为绚兮"几句诗不太明白，去请教孔子。孔子说这就叫作"绘事后素"，也就是要画美丽的图案、花纹，必须有很干净的白色底子。子夏听后，一下子联想到礼与仁。在孔子的理论中，礼是外在的形式，仁是内在的更为深刻的内涵。子夏联想到礼与仁后就问孔子，礼是否后于仁？孔子听了十分高兴。

孔子对学生启发的方式也是多种多样的。孔子最常用的一种方式是与学生一起讨论问题，在讨论过程中，调动学生主动思考问题的积极性。

6. 以物喻理

在孔子的启发式教学方法中，有一种方法是通过比喻来阐述道理的，用身边的人和事来讲解道理，启发学生把抽象的道理具体化。这就是"以物喻理"。

孔子觉得人们都应该严肃对待工作，尤其是有公职的人。孔子强调敬业精神也是仁德的一种具体表现。当仲弓就仁德的问题请教孔子时，孔子说："出门如见大宾，便民如承大祭。"招待客人、举行祭祀时的礼节、态度，是当时的人都熟悉的。所以孔子说，从事公务要如同招待贵宾，或者如同举行大的祀典一样，态度要严肃认真，而且要慎重，不能有丝毫差错。用这样的态度对待工作、事业，就叫敬业。孔子以此来解释对待工作的态度，学生很快就明白了。

孔子在政治上的主张是德治。他认为实行德治会有凝聚力，并以北极星与其他星星之间的关系来做进一步解释。他认为用仁德来治理国家，那么君主就会像北极星一样吸引臣民围绕在君主周围。

孔子认为统治者应该对百姓采取道德教化，这样榜样就有着非常重要的作用。在榜样之中，统治阶层的榜样更为重要。统治阶层是老百姓的榜样。孔子在讲解这一道理时，以风与草的关系来比喻。他说："君子之德风，小人之德草。"草被风一吹就会倒下去，而且与风向一致，所以统治者的道德风尚对百姓的道德风尚起决定作用。

《论语》中用比喻说明道理的地方有几十处。这就可以证明孔子惯用比喻、事例启发学生。在孔子这种教学方法的熏陶之下，他的学生也开始用比喻说明道理。在讲君子不会掩饰自己的错误时，子贡说："君子之过也，如日月之食焉：过也，人皆见之；更也，人皆仰之。"孔子及其弟子把"以物喻理"运用到教学上，虽然不是发明创造，但对后人产生了深远的影响。

7. 循循善诱

孔子的得意弟子颜渊把孔子耐心引导学生的教育方法描述为循循善诱，就是有步骤、有次序引导的意思。颜渊说：

夫子循循然善诱人，博我以文，约我以礼，欲罢不能。

　　由此可以判断，孔子对学生循循善诱，不仅是在文化知识的传授上，也包括做人等方面。孔子的学说虽然深奥，他制定的做人标准也很高，可是孔门弟子们还是不断进步，谁也不放弃学习。

　　循循善诱的具体方法也很多，"因材施教"只是其中之一。不把握住每个学生的特点，一味地一刀切、一锅煮，那么有的学生就会跟不上进度，学习的积极性就会减弱。时间一长，这种学生对学习就会丧失信心，失去兴趣，开始厌倦学习，把学习当成沉重的负担，渐渐地就失去了好学上进的品质。由此可见，循循善诱对学生来说有多重要。只有"因材施教"，才能让文化程度不同、性格迥异、智力有别的人都获取知识，取得进步。

　　孔子循循善诱的教育方法，还表现在他对学生极其耐心上。有耐心既是循循善诱的前提，又是循循善诱的一个有效验证。"循循"本身就有耐心的含义。"循循"是缓慢地前进的意思，循序渐进本身就要求有耐心。对学生有耐心，不嫌弃有各种各样毛病的学生，热心地对他们进行引导，不对学生发脾气，更不能对学生体罚、挖苦，尊重他们，与他们交朋友，才能不扼杀有个性的人才。

　　孔子对学生的耐心非常人能够企及，他对子路就是如此。子路原来是一个流浪汉，没有上过学。司马迁说：子路生来粗野、胆子大、耿直，穿着打扮古里古怪。子路甚至对孔子无礼过。孔子以礼对其进行教育，子路深受触动。他把奇装异服扔掉，把自己打扮成文质彬彬的儒生，并带着礼物，通过孔子的弟子请求孔子收他为徒。孔子本着"有教无类"的办学原则收下了他。子路好勇、好动、鲁莽、言谈举止不文明，孔子对子路从多方面进行启发、引导，反反复复，不厌其烦。

　　有一次，子路问孔子，勇敢的品质是不是也被君子推崇？孔子答道，君子把义视为最值得崇尚的品质，如果君子只有勇气没有义，那么就会犯上生乱；如果小人只有勇气没有义，那就会沦为盗贼。子路不爱读书，看不起读书，不好学礼，孔子便对他讲了"六言六蔽"的道理，对症下药。孔子对他讲这一番道理的用意非常明确，可以说是用心良苦。在孔子的教导下，子路渐渐地把潜在的政治才能发挥出来。孔子评价子路说"千乘之国，可使治其赋"。子路以后用事实证明了孔子的评价，做了季氏宰，协助孔子堕三都。堕三都失败后，他又当上卫国大夫孔悝的邑宰。一个流浪汉在孔子的栽培下成为一个大夫的家宰、邑宰，孔子要付出多大的耐心啊！

除此之外，孔子还勉励学生多向他发问，他认为爱提问题的学生才能更好地加以引导、教育。相反那些不提问题的学生，孔子认为很难正确引导。

孔子一贯主张在对待知识、学问时，不能好面子，不懂就是不懂，一定要实事求是。"知之为知之，不知为不知"，这样才有利于进步。所以不会就问并不可耻。想当初，年轻的孔子第一次进入太庙之后，每件不懂的事要问别人，就是为了让自己知道的是正确的。卫国大夫孔文子地位高高在上，但他敢于向比他地位低的人请教。孔子夸奖孔文子是"敏而好学，不耻下问"。孔子还鼓励学生都能学习孔文子这种精神。有一次樊迟陪孔子散步时问了关于"崇德、修慝、辨惑"的问题，孔子回答前就先夸他这个问题问得很好。

在孔子的言传身教下，孔门弟子基本上都是虚心好问的。曾子也说，在学知识时，不仅要请教学问大、能力强的人，也要请教学问不大，但在某些方面有特长的人。就算为此受到嘲讽，也不必计较。这就是"以能问于不能，以多问于寡；有若无，实若虚，犯而不校"。子夏说"切问而近思"，也是说要诚恳虚心地请教别人。

让学生多多提问，就是鼓励学生克服羞耻心理，大胆地思考问题，这就是"善诱"。

为了使学生学习的积极性不断增强，孔子还适时地肯定学生的进步，表扬他们。孔子认为鼓励学生树立上进的信心，可以加强学生对学习的兴趣，可以更好地帮助学生进步。只有不断肯定学生的进步，不断夸奖他，才能促进学生进步。他在与子贡、子夏讨论问题的过程中，发现子贡、子夏可以举一反三了，就恰当地表扬他们，夸他们都能跟自己一同讨论《诗》了。子路虽然粗鲁，有各种各样的毛病，但是他勇敢、说话算话、善良忠诚、不贪不妒，所以虽然多次被孔子批评，但也受过不少表扬。如果孔子不给他以鼓励，子路很难有后来的成就。

孔子在教学中无微不至地关心学生，循循善诱地引导学生，使他们都能够成为人才，孔子不愧为伟大的教育家。

三、适周问礼

1. 礼的起源

春秋时期各诸侯国为了争霸天下，纷纷挑起列战争。《春秋》上记载的就有四百八十三次之多。战争不但严重破坏社会经济，百姓的生命安全也受到威胁。"争野以战，杀人盈野；争城以战，杀人盈城"，悲惨至极。所以孟子说道："春秋无义战。"

孔子正好生活在春秋时期，所以他很自然地把生命、人心作为自己哲学的出发点。

战争是威胁当时人们生命的大灾难，孔子所以对战争持谨慎态度："子之所慎：斋，战，疾。"

孔子认为人民经过长时期的训练以后才可以参战："善人教民七年，亦可以即戎矣。"否则让普通百姓上战场，会造成更大的牺牲。

孔子所慎重的"斋、战、疾"，全是与生命息息相关的。

孔子关注生命本身，但他更关注生命的精神价值，他认为生命的精神价值才是生命的本质：

> 子贡问政，子曰："足食，足兵，民信之矣。"子贡曰：
> "必不得已而去，于斯三者何先？"曰："去兵。"子贡曰：
> "必不得已而去，于斯二者何先？"曰："去食。自古皆有死，
> 民无信不立。"

人格是人的精神价值的表现，所以孔子非常强调对人格的尊重。当子夏问他怎样做到孝时，他说："色难。有事，弟子服其劳；有酒食，先生馔，曾是以为孝乎？"这就是说对人格的尊重，总要表现在脸色上，就连对父母和颜悦色也是难事。事实上尊重父母的人格很难，因此只是照顾父母生活，仅仅提供酒食之类，维持父母的生命，不算孝。不但父子之间应如此，君臣之间也要这样。孔子说："君使臣以礼，臣事君以忠。"这里的"礼"和"忠"，就是指君和臣相互尊重对方的人格。健全的人格也是生命精神价值的一种实现途径。健全的人格是仁、礼、勇、智、孝、义、悌、忠、恭、恕、信、宽、惠、敏、好人、恶人、立人、达人、不惧、不忧等数十种概念的集合。事实上，这些品格从不同侧面代表了生命的价值。

有身份的人和残疾人的人格特别受孔子尊重。《论语》记载："子见齐衰者、冕衣裳者与瞽者，见之，虽少，必作；过之，必趋""见冕者与瞽者，虽亵，必以貌"。孔子对"瞽者"人格的尊重，已达到一种超阶级的感情。《论语·卫灵公》篇有孔子对待盲人乐师师冕的详细记载：

> 师冕见，及阶，子曰："阶也。"及席，子曰："席也。"
> 皆坐，子告之曰："某在斯，某在斯。"师冕出，子张问曰：
> "与师言之道与？"子曰："然。固相师之道也。"

古代乐师的社会地位相当卑贱。孔子能对师冕无微不至地关照，确实可贵。从子张的疑惑可以判断，当时一般人对盲人并不尊重，而

孔子却能做到一视同仁，甚至特别关爱，可见其品质高尚。

孔子认为得了"道"的人，就获得了生命的终极价值，自然而然地会达到出神入化的境界。

孔子说自己是："吾十有五而志于学，三十而立，四十而不惑，五十而知天命，六十而耳顺，七十而从心所欲，不逾矩。"这里的从心所欲，仍是不违背规矩。七十岁以后的孔子真正达到了自由的境界。

"志于道"和得到"道"并不代表已体验到生命的真正意义。在孔子的思想中，对生命的真正意义的体验实际上最终落脚在"乐"字上。孔子对颜渊之贤大加赞赏，说："在陋巷，人不堪其忧，回也不改其乐。贤哉，回也！"孔子评价自己也大致如此。他说："饭疏食，饮水，曲肱而枕之，乐亦在其中矣。不义而富且贵，于我如浮云。"孔子夸颜渊"一箪食，一瓢饮，在陋巷"与评自己"饭疏食，饮水，曲肱而枕之"，这都是生命精神价值的一种体现。

曾皙在谈到自己的志向时说："莫春者，春服既成，冠者五六人，童子六七人，浴乎沂，风乎舞雩，咏而归。"孔子听后，说"吾与点也"。

这就是对生命真正意义的体验。

无论什么事情都是懂得它的人不如爱好它的人，以它为乐的人又超过爱好它的人。正是"知之者不如好之者，好之者不如乐之者"。孔子将"乐之"作为最高境界，并将乐感精神作为生命过程的本质特征。

乐感精神一方面是生命过程的本质特征，另一方面是由主体自身所把握的。真正掌握这种乐感精神后，即使是"一箪食，一瓢饮，在陋巷"或者"饭疏食，饮水，曲肱而枕之"，也不会受影响，世俗、社会、他人都不会影响个人精神上的自由。

孔子认为有修养的君子也要靠礼来约束。礼是学来的，他说"不学礼，无以立"，正说明这一点。

礼是经过学习之后才懂的，而学习是一个认知的过程。为了把礼的理论进一步完善，孔子对认知过程做了深入的研究。这种研究就是孔子教育心理学理论的重要基石之一。

社会环境对人非常重要，他格外强调社会环境的作用：

> 子曰："里仁为美。择不处仁，焉得知？"
>
> 子曰："三人行，必有我师焉。择其善者而从之，其不善者而改之。"

有仁德的人一定知礼，跟这样的人在一起，一定能学礼达仁。这是一种明智的选择，不过社会中也有丑恶的一面，所以要"择其善者而从之，其不善者而改之"。

礼在社会中是用各种名分来体现的。在礼的约束下，每个人的位置都很独特，都以不同的身份在社会上立足。孔子认为，每个人都要扮演好自己的角色，不得有非分之想，所以他后来提出了"君君，臣臣，父父，子子"。这样，人民才能忠于国君遵守周礼，社会才能安定，国君才可以对臣民放心。

2. 谨守礼制

孔子在生活中厉行遵照周礼，即使是在闲居时，他也把生活安排得很有规律，言谈举止十分得体。如果坐席方向摆放得不符礼制，他就不坐；他上车时，必须先笔直地站好，然后才缓步登车，在车中，他不回头张望；说话时语速平缓，不指指画画；他睡觉时从不笔直地躺着，他认为那样像死尸，他平时的坐姿比较随便，但有客人或者自己做客人时，双膝一定跪在席上。他托人给在外国的朋友带东西，一定向受托者拜两次送行；他钓鱼时绝不横断流水取鱼；射鸟时，用带生丝的箭，归巢鸟从来不射。

孔子从来都不谈论怪异、勇力、叛乱和鬼神。他也很少谈到利，

但赞成命和仁。当他生病时季康子送来药，孔子行礼后接受了，但说："我对这种药的药性还不了解，所以不能服下去。"

有一次，孔子病得很重，子路替他向上天祈祷。孔子事后得知了："有这回事吗？"子路如实答道："有。《诔》说：'替你向天神地祇祈祷。'"孔子说："我早已祈祷过了。"还有一次，孔子也是在病中，子路担心老师这次起不来了，便让懂礼的师兄组织治丧处。后来，孔子渐渐好了，得知后说："我没有资格享受治丧处，他却一定要这样做。这是欺骗上天！"

孔子吃东西非常讲究。粮食要不嫌舂得精，鱼和肉要切细。粮食和鱼、肉稍稍变质就都不吃，食物颜色难看不吃、气味难闻不吃、烹调不当不吃，没到吃饭时间时不吃，不是按一定的方法砍割的肉不吃，没有一定调料的食物也不吃。这一切都做到以后，孔子吃饭时，肉食量从不超过主食。只有酒没有限量，但也从不喝醉。

孔子在不同的场合表现都不相同，总之任何时候他都是依礼而行。他在家乡，非常恭顺，不爱说话。在宗庙里或朝廷上，他有话便说，只是很慎重。上朝的时候，如果君主没来，他就同大夫们说话。同下大夫说话，他的样子很和蔼；同上大夫说话，他的样子很恭敬。君主到来后，他看起来则很胆小，但却不卑不亢。

孔子守礼，自然特别尊君。君主传唤他，孔子不等车辆准备好，就立即走路赴朝。鲁君召他去接待外国的贵宾，他神情庄重，脚步也比平时快。他向两旁的人作揖，不论是向左拱手，还是向右拱手，衣裳都不会受到影响，看上去很整齐。贵宾离开后，孔子一定向君主回报说："客人越来越远了，不再回头看了。"孔子去朝廷，在经过国君的座位时，面色庄重，脚步也加快了，说话时显得很畏惧君主。提起衣服下摆向堂上走时，好像不呼吸一样。走出来，走下一级台阶后，脸色便放松了，看起来自在多了。走完了台阶，就如同鸟儿舒展翅膀，庆幸又回到自己的位置。

孔子去外国访问，在典礼上，他手持圭，恭敬而谨慎，好像力气小举不动。向上举时，看似在做揖，向下放好时，又像要递给旁人，面色矜庄，如同在做战。在这样的场合，他的脚步也很紧凑，好像有所依循。献礼物给外国君王时，也是满面春风。如果同外国君臣见面是以私人身份，孔子就十分轻松愉快。

在斋戒、祭祀中，孔子的表情自始至终都是庄重的。他祭祖时，让人以为他真的看见祖先真的在那里；祭神的时候，同样让人以为他看见神在那里。孔子说过："如果我不能亲自参加祭祀，而是让别人替代我，那我就不做祭祀。"孔子斋戒前沐浴时，一定用布做的浴衣。在斋戒的过程中，饮食习惯要改变，住处要挪动，不能亲近妻妾。碰到迎神或者驱鬼的时候，孔子便穿着朝服站在东边的台阶上。吃饭的时候，就算是吃糙米饭青菜汤，也要先恭恭敬敬地祭一祭，好像斋戒一样。孔子对待朋友的赠品，只要不是祭肉，即使是相当贵重的东西，在接受的时候，他也不行礼。

孔子与家中有丧事的人在一起吃饭时，从来都不吃饱，以此表示对死者的尊重。穿丧服的人、穿礼服戴着礼帽的人以及盲人如果和孔子相遇，即使他们很年轻，也会受到孔子起身相迎的礼遇；走过他们的时候，孔子依礼快步而过。孔子看见穿孝服的人，即使是与他关系不密切的，他也会表示同情。如果遇到拿着送死人衣物的人时，孔子要是在车上，他便把身体向前微微地一俯，用手扶着车前的横木，向对方行礼。孔子遇见背负国家典籍的人，也会使用这种礼节。

3. 圣人之后必有达人

孔子生活的春秋时代是大变革的时代。这种变革内容复杂、深刻，包括方方面面。社会制度、思想观念、国家权力的归属、不同阶级之间的地位等等都在发生深刻的变革。

譬如天子与诸侯的关系有了变化。周文王、周武王统一天下后遍封诸侯的时代，距孔子所生活的春秋时代有五百余年。周文王、武王时代的经济、军事实力以及政治、道德上的威慑力大减。天子实际上

已经被驾空，诸侯不再听从天子调遣；天子再也不被诸侯所畏惧，诸侯们礼乐征伐各自作主，没有约束。

周文王最初大封诸侯时，各诸侯国间是亲戚关系。时至春秋，这种关系早已消失。为了利益，诸侯国频频发动相互兼并的战争。西周初期共有大大小小数百个诸侯国，兼并后，许多小国已被消灭，几十个诸侯国取而代之。诸侯国与诸侯国之间相互戒备，孟子所说的"无义战"此起彼伏。西周初年各诸侯听令周天子、天下一家的政局彻底消失了。

各国之间争战不休，诸侯国内部也不安宁。有些诸侯被大夫、陪臣驾空，没有实权。所以，臣弑君、子弑父的事件频频发生，屡见不鲜。据记载，春秋共有弑君事件三十六起，五十二个小国灭亡，诸侯逃命于外国，其社稷不保的更是数不胜数。

在这样一个社会秩序被打乱的时代中，社会上的各个阶层充斥着复杂的矛盾，人民都生活在惶惶不安的情绪中。这种局面被孔子称之为天下无道。他说：

> 天下有道，则礼乐征伐自天子出；天下无道，则礼乐征伐自诸侯出。自诸侯出，盖十世希不失矣；自大夫出，五世希不失矣；陪臣执国命，三世希不失矣。天下有道，则政不在大夫。天下有道，则庶人不议。

天下无道是说天下没有统一的规矩，秩序混乱。臣弑君、子杀父、兄弟相互残杀都是为了夺权；抢地盘、争君位的战争此起彼伏，战争连年不断。老百姓无法正常生产、生活，终日逃避战乱。这种天下无道的局面令孔子忧心忡忡。

孔子认为这一切都是西周的礼制遭到破坏引起的。他认为只有恢复西周严格的礼制后，西周初期的局面自然而然就能恢复了。于是，孔子到处向人们宣传、呼吁周礼，竭尽全力恢复周礼。周礼的核心是一套等级分明的行为约束。社会地位不同、身份不同的人都分别拥有什么样的权利与义务，在周礼中都有严格的规定，谁也不能超出规定。孔子所指的天下无道正是等级制度发挥不了效力，许多诸侯、大夫都开始为所欲为了。孔子希望恢复周礼，就是希望社会恢复到周公时代。

孔子办学成名后，社会声誉渐高，鲁国贵族和政府开始重视他。鲁大夫孟僖子是最先注意他的。孟僖子访楚归国后格外看重礼仪，并在临终前还特意嘱咐家臣，一定让他的两个儿子孟懿子和南宫敬叔跟孔子学习礼仪。这样，孟僖子的儿子们成为孔子设教授以后最早收下的贵族子弟。

孟僖子临终时非常准确地向家人讲述孔子祖辈的事迹，这证明他很认真地调查过孔子，而且已有很长时间了。孔子为宋贵族后裔的身份，在这个时候已得到鲁国上层社会的认可。人们称他的祖先为"圣人"，他也被称作未来的"达者"。这与十七年前孔子被阳虎拦于门外相比，可谓天差地别。十七年后，成功和声誉令孔子懂得自立、自强尤为重要。孟僖子用家世、出身品评人的门第观念，在这位年轻学者的眼里已经如同草芥了。他终身除了说过自己是殷人外，根本不告诉别人他祖先世居卿位。孟氏在礼仪问题上犯了错误就想补正，日后孔子引用了《诗·小雅·鹿鸣》里的"君子是则是效"这句话来总结，认为孟僖子的做法可供他人学习。

孟僖子说孔子是"圣人之后必有达人"，并让自己的孩子师从孔子，从一个侧面说明了时代的进步，说明孔子的私学在鲁国政府和上层贵族社会中有不容忽视的地位，这为孔子的教育事业的进一步发展和日后从政开辟了道路。这是对孔子最大的鼓舞。

当时京师是洛邑，又叫王城，在洛水与谷水交汇处。西周成王时建洛邑，后来平王东迁至此。后经不断改建，洛邑成为春秋时全国政治文化的中心，文物典籍是全国最全的，礼仪制度保存得也最为完整、全面。孔子时，老聃、苌弘等精通礼乐的官员还住在洛邑。因此，洛邑是孔子最想去的地方。

孟僖子的儿子拜在孔子门下以后，孔子借机获得了鲁昭公的赞助，带上南宫敬叔"适周问礼"，到京城洛邑去进一步学习礼乐。鲁昭公在孔子临行前，赐给他一辆车、两匹马和一名童仆。

国君送礼物给孔子，大大提高了孔子的声望。就这样，孔子出发了。

当时的周王室十分衰微，但洛邑毕竟是京城，是传统文化的盛地，孔子到京师考察周礼后，学识大为长进。

洛邑留给孔子的第一印象是气魄宏大。城区沿洛、谷二水向西、向北伸展，面积有曲阜的三倍半。全城分外城、内城。内城是王宫区，宫殿群壮观辉煌，屋宇飞檐气派华丽。城市布局是围绕王宫进行结构的，是典型的"左祖右社，面朝后市"的周代城邑。

逗留京师期间，孔子把精力放在礼制、文物、典籍方面的考察上。《孔子家语·观周篇》称孔子在京"历郊社之所，考明堂之则，察庙朝之度"。郊，是祭天；社，是祭地。"历郊社之所"，是参观天坛、地坛，感受祭祀天地的气氛；"考明堂之则，察庙朝之度"，是考察宗庙制度。明堂与宗庙在西周春秋时期是在一起的，是国君祭祖、朝会等重大活动举行的地点，故又称"庙朝"。

4. 拜访老子

在京师洛邑时，孔子有一个非常重要的会面，那就是跟老子会面。

老子又叫老聃，是道家学派创始人，在东周政府担任守藏室史。他比孔子年长许多岁，不仅精通古代礼制，知识全面、经验丰富，脾气又有些古怪。孔子想去阅读他收藏的文物典籍，并想就礼仪制度请教他。因此，孔子在洛邑期间，他们常常往来，还共同为人主持过丧事。有一次，他们给人助丧，送葬途中巧遇日食，老子命令把灵柩停下来，日食过后才能再走。事后，孔子说："中途停枢不对，日食要过多久才能结束并不知道，延误了送葬时间，不知是不是该继续？"

老子解释说:"诸侯去京都朝见天子,日出后出发,日落前休息,装载在车上的祖宗牌位还要祭奠。大夫出国访问,同样是这个作息时间。送葬同样不能在天未亮出殡,天黑以后止宿也不可以。夜间赶路的只有逃犯和奔丧的人。日食时送灵柩,与夜间走路一样,把别人才去世的父母停置在这种不吉利的时刻不是有教养的人该干的。"

多年以后,孔子对老子的讲解仍记忆犹新。后来有学生也问这个问题时,孔子用老子亲口传授给他的讲解解释给学生听,还附上一句,这是老子说的。孔子向学生转述老子的话在《礼记·曾子问》中还记有三处。

第一处是天子或诸侯去世时,各宗庙的神主由太祝放到太祖庙里,以表示各位祖先为国丧会集一堂。等到要安葬而卒哭之后,神主才被送回各自的庙里。如果君王出国,就由太宰取出各庙神主一同前往。等到合祭时,则由太祝取二昭二穆的神主在太祖庙合食。神主出庙或回庙,迎接时都要排列仪仗队,闲人不许走动。

八至十一岁小孩死去叫下殇,以前下殇不用衣棺,周初太史佚时才用衣棺。当时,周公批准他用衣棺为死去的幼子下葬。别人随后学着他开始用衣棺的。

为父母服丧期间,儿子不能参加战争。周公去世时,其子伯禽在卒哭之后就领兵攻打徐夷,那是不得已才为之。

这些都是与丧礼有关的上层贵族逸言逸事,担任王室史官的老子熟悉这些,孔子却是第一次听说。从这些谈话中可以判断,孔子问礼于老子,请教的都是有关礼仪制度的问题。

孔子能够赴京考察周礼,自然特别高兴。兴办私学成功后,鲁贵族赏识他,鲁君昭公资助他,都使他对未来充满信心。他问礼于老子有为了日后踏入上层社会的个人目的。老子看出,孔子对政教礼乐的热心太过,逐渐感到这位年轻人身上有不太好的倾向。在他看来,孔子热衷的都是浮华的。老子讨厌礼仪的繁文缛节,他认为礼仪让人拘谨,丧失淳厚朴实的本性。人一旦失去自然、真诚的本性,就会产生

邪念，给社会带来不稳定，故礼为"忠信之薄而乱之首"。当孔子最后一次请教时，老子不耐烦了，说道：

"那些你崇敬的人，连骨头都烂成灰了，只留下一些经验。君子碰上好运气，可以过上出门坐车的好日子；如果运气不好，就应像蓬草一样随风飘转。我听说，好的生意人，货物经常屯积起来，好像什么都没有；有好品德的人，看上去则愚笨一些。你身上的骄气、贪心、自我表现欲和把未来想得特别美好的缺点对你没有好处。我要回答你的，只有这些。"

5. 问乐于苌弘

除了老子，孔子在洛邑还拜访了周大夫苌弘，就音乐理论请教他。苌弘对天文、音乐非常有研究，对地理也很精通。关于二人之间的对话，现在有据可查的只有关于乐舞《大武》的讨论。苌弘作为一名博学的王官，竟然不能理解《大武》的思想意义，孔子后来向自己的学生解释《大武》时，还得用自己的理解去讲解。

《大武》相传为周公旦所作，是周人的大型古典乐舞，主要表演武王伐纣、治理南国和周公召公治理国家的故事。舞队分八行，每行八人，共六十四人。领舞头戴冕冠，手执朱干、玉戚。乐舞按表演顺序分为六个段落：

第一段落是表现武王伐纣前的军事准备的，长时间击鼓后，舞队向北而出，大家一齐跺脚三次，然后持盾站立，共唱一段缓慢、抒情的歌曲。

第二段落是表现武王伐纣的，双方于牧野交战，武王取得胜利。领舞装扮成周武王和姜太公。站于舞队的两侧，各自用力地敲铎，士气大受鼓舞，舞队向四方冲杀；然后，舞队分为两行向前行进。行进时，齐唱《武》诗。

第三段落是表现武王灭商之后，班师镐京的情景。舞队向南行进时齐唱《赉》诗，表现胜利后的喜悦之情。诗的大意是：我继承文王的基业，大家多么欣悦。我带兵北上灭殷，社会从此安定。天下一统，大家多么高兴。

第四段落是表现周人经营南国，巩固统治。其历史背景为武王死后，周公摄政，武庚及管、蔡作乱，周公一举平定叛乱，疆土扩大到淮河以南及汉水流域。此段落中亦有诗歌伴唱。

第五段落是表现周、召二公治理的天下非常太平。舞队分成两个队列，代表周公与召公"分陕而治。"这一段落也有伴歌，乐曲非常有特色。

第六段落是尾声。舞队集合，表示忠心拥戴周王。最后众人齐唱《桓》诗：

> 绥万邦，娄丰年，
> 天命匪解。
> 桓桓武王，
> 保有厥土。
> 于以四方，
> 克定厥家。
> 於昭于天，
> 皇以间之。

乐舞《大武》最受周人重视。相传"《武》《象》起而《韶》《护》废。"周人灭商建国后，用《大武》和另一同样重要的乐舞《象》取代了舜的《韶》乐和商的《护》乐。周人每逢祭祖时，都要表演《大武》，《大武》是周人的国乐。孔子在京师研究国乐，自然。他按照《大武》的表演程序，向苌弘问了许多问题。他们之间的谈话，在古籍中查不到详细记载，但后来孔子用同样的问题考学生宾牟贾，他认为宾牟贾所答同当时苌弘说的相同。因此，可以根据《论语》再现当时孔子与苌弘的谈话：

孔子问："为什么《大武》开始时，击鼓声要那么长久？"

苌弘答："那是武王伐纣前担心各诸侯不支持他的心理体现。"

问："第一段落的歌声与舞姿柔而缓慢又是为了什么？"

答："也许在等待表现的机会。"

问："表演者为什么突然间那么狂烈地扭动？"

答："那是战斗已经开始，要抓紧进攻。"

问："然后表演者为什么右膝着地、左腿屈立地坐着呢？"

答："那不是《武》舞原有的坐式。"

问："有的歌声听起来怎么全是杀气呢？"

答："那不是《武》舞原有的歌声。"

问："既然不是原有的歌声，那又是什么？"

答："可能乐师们弄错了，要不就是武王糊涂了。"

宾弁贾能与苌弘回答得一样，说明当时对《大武》的解释就是如此。这种解释淡化了周人以武力征服天下的事实，把乐舞中充满杀气的歌声理解成乐舞之外的东西；又对表演中的坐姿不太了解，显得十分荒唐可笑。因此，宾弁贾说出的观点与苌弘相同时，孔子不得不对《大武》重新讲解。他首先简单介绍了乐舞各段落的基本内容，指出其中击铎、冲杀、充满杀气的歌声是为了将周人以武威征服天下再现出来；舞末时的坐姿，是表现周、召二公的治国功勋。最后，他重点讲述周人征服天下之后，如何停战、治国，以礼乐治天下等等。这一点，正是孔子研讨《大武》的基本所在，体现出他对所谓周人治国之道的理解。他认为周人灭商之后靠礼乐教化治天下，使西周迎来盛世。他努力从他们的礼乐文明中，学习治国谋略。

与苌弘会见时，孔子是不是曾经谈过他对《大武》的真实看法，现在无从考证，不过，孔子肯定是阐述了一些与《大武》有关问题的真实看法，所以苌弘对他有过高度赞扬。据说，苌弘与孔子会面后，在周王卿士刘文公面前大夸孔子，说他"河目而隆颡"，有一副气轩的仪表，"言称先王，躬履谦让，洽闻强记，博物不穷……"。孔子在京师留下一个求学上进、品德优秀的好名声，引起了京师一些著名人士的关注。司马迁说"孔子自周返于鲁，弟子稍益进焉。"意思是说孔子从京师归国后，要求入学的人又增加了。

孔子离开洛邑前特意到老子那里告别。老子见他来，态度较以前好多了，并送孔子到门口，说：

"我听说，有钱人拿钱财送人，有仁德的人拿警句送人。我没有什么钱财，就充当一下仁者，送给你几句话吧：'聪明深察者常接近死亡，因为他常常搬弄是非；雄辩博学者常有危险，因为他喜欢揭别人的短处；为人子者毋以有己，为人臣者毋以有己。'"

返鲁途中，孔子把几个月来同老子交谈的日子一一回忆着，品味其中的玄妙。老子古怪而孤僻，他一生也难得再遇见这样的人了。老子对于孔子来说，神秘、亲切、遥远。随行的一位学生问孔子对老子的印象如何。孔子说：

> 鸟，我知道它是飞翔于空中；鱼，我知道它是游于水中；兽，我知道它是奔跑于陆地。在地上跑的，用网可以把它捉住；在水中游的，用线可以把它捕住；在天上飞的，用箭可以把它射下来。而龙，我不知道它是怎样驰上青天的。我见到的这位老子，可能和龙一样！

四、为人之道

1. 躬自厚而薄责于人

孔子认为处理人际关系时，尤其是人际关系有了冲突、矛盾时，

每个人都应严格要求自已，对自己深刻、全面地反思，对他人不应过高要求。他认为只有这样才可以减少人与人之间的怨恨。

子曰："躬自厚而薄责于人，则远怨矣。"

"躬自厚"原为"躬自厚责"，"责"字与下文"薄责"中的"责"字相重复就省去了。"躬自厚责"是提倡自我批评，自己多承担责任，责备别人少些，这样才能缓和紧张的关系。有一次，樊迟陪着孔子散步，樊迟请教了一个问题，那就是别人隐藏在心中的对自己的怨恨怎么除去？孔子先夸他问得好，然后对他说："要想消除隐而不露的怨恨，首先要自我检讨，不能一味指责别人，讲别人短处，这就叫作：

攻其恶，无攻人之恶。

"攻"是"批评"之意，"其"是自己。说的就是进行自我批评，富于自我批评的精神。孔子还说过：

君子求诸己，小人求诸人。

前一句是说严格要求自己，检讨自己；后一句是要求别人，或者说是从别人那里找问题。"求诸己"与"求诸人"正是君子与小人的差异。

实际上"躬自厚而薄责于人""攻其恶，无攻人之恶"和"君子求诸己，小人求诸人"，都是"己所不欲，勿施于人"的具体体现。所有人都不想听批评，都不希望责任出在自己身上。既然每个人都这样想，那么就这样去体谅别人。

"躬自厚而薄责于人"和"攻其恶，无攻人之恶"是指导人在与人相处时要宽厚待人，不苛求、不尖酸刻薄；人与人相处要大度，学会理解、包涵、谅解。如果一个人不宽容别人，把别人的差错牢牢记住，那就要结怨。孔子所言的"宽则得众"，说的就是这个道理。宽厚、宽容就是仁德。

"躬自厚而薄责于人"的提出对后世影响很大。唐朝的韩愈在《原毁》一文中说"古之君子，其责己也重以周，其待人也轻以约。重以周，故不怠；轻以约，故人乐为善"，就是受孔子启发。

2. 见贤思齐

孔子在道德上提倡自我修养：

> 见贤思齐焉，见不贤而内自省也。

"见贤思齐"的意思是一个人想进步，那么遇到道德高尚的人，就要学习，争取与人家同样道德高尚。"见不贤而内自省"则是说看见不贤良的人、毛病很多的人，就要立刻在内心反省，看自己有没有像他那样的毛病。

孔子后来把这个意思更明确地讲了一下，他说：

> 三人行，必有我师焉：择其善者而从之，其不善者而改之。

"择其善者而从之"与"见贤思齐"的意思相同；所谓"其不善者而改之"是在"见不贤而内自省"时该做的。"三人行，必有我师焉"的意思，不是字面上的与我同行的另外两个人中必然有可当老师的人，是说每个人都有自己的长处，都值得学习。他们身上的缺点能从反面提醒自己、鞭策自己，如果自己也有这种缺点，要改掉。因此，一个人只要有进取之心，那么既可以从人品好的人身上学到长处，也可以从反面人物上学到该汲取的东西。

老子也曾说过类似的话：

　　善人，不善人之师；不善人，善人之资。

　　这里的"之资"是可借鉴的东西。道德高尚的人会把毛病多的人当成一面镜子。

　　孔子"见贤思齐"的提出，表明孔子希望每个人都能磊落坦荡地做人，心胸开阔、为人大度，对于别人要加以尊重。对于那些强于自己的人，不要嫉妒，要认可人家的长处，向人家学习。在毛病多、远不如自己的人面前，也不要自大，不要看不起人家，他们身上同样有值得学习的优点。

　　对待贤者与不贤者的态度相差多远，与他的道德修养、人生态度紧密相联。孔子说：

　　　古之学者为己，今之学者为人。

　　显然，"为己""为人"之后的"而学"二字省去了。所以这两句话是说古之学者为自己学习，今之学者为别人学习。"为己而学"是为了人格的进一步完善、修养更好；所谓"为人而学"是在人前表现自己时可以更出色、更优秀些。

　　为了提高自己的道德、学问去努力学习，所以见贤与见不贤都有能学的东西；学习是为了做做样子让人看的，那么看的人如果是贤人还好些，遇到不贤的人的话，便会遭到耻笑。看来"见贤思齐"作为仅有的人生态度还不够，要再"见不贤而内自省"，这样才能真正地完善自我。

　　"古之学者为己，今之学者为人"虽是两种不同的学习目的，同时也是两种不同的做人态度。第一种自始至终表里如一，守于"礼"，虔诚不二；第二种伪善，一切从实用主义出发，把"礼"和"道"作为世俗之用的手段，生活在双重人格中。

　　所以做人与学道是同一件事物的两个方面、两种看法。学道为做人，而做人态度决定学道的根基。

3. 人而无信，不知其可也

古人常讲"信"，所以孔子在教学内容中很重视"信"。《论语·述而》篇说：孔子教育学生有四方面内容，分别是历史文献、社会生活实践、对别人的忠和信。而且，孔子还说，做人要以忠和信这两种品德为主。

"信"，是诚实不欺，也就是信誉。孔子认为，做人不能说假话，为人讲信用，讲信誉。

诚实就是知耻，也是人的基本品德素质。社会中的每个人，都要与人交往，在交往中互相交流信息。然后这些信息能帮助人做决策。如果信息不准，那么决策就会失误。所以人们在社会交往中最担心的一个问题，即信息的真实性。因此，每一个人都希望与自己交往的人都能言而有信，是诚实的人。不诚实的人没有人愿意与他打交道。

能否让人信任往往决定能否被任用。在日常生活中，人们喜欢与品德好的人交往。品德好的人责任心强、办事成功率高，不会误事，在工作单位会受到同事与领导的欢迎。所以品德好的人，容易让人重用。孔子对此说道：

> 人而无信，不知其可也。大车无輗，小车无軏，其何以行之哉？

輗和軏都是古代车辆上的横木的插销，用来固定驾牲口，輗用于牛车，軏用于马车。没有这个插销，驾牲口的横木固定在车辕上就有问题，车辆便无法使用。孔子以輗和軏比喻诚实守信的品德，可见其重要。子张就仁的内容请教孔子，孔子说能按照恭、宽、信、敏、惠去做，就是仁德。子张要孔子对这五种品德详细说明，孔子说：

恭则不侮，宽则得众，信则人任焉，敏则有功，惠则足
以使人。

"信则人任焉"就是说有诚信的品德会让人信任、任用。否则，
什么事情也做不了，谁也不想同他交往，会受到别人的鄙视，在社会
中难以立足。

孔子认为有操守、有意志力，是君子必备的品德。具有操守和意
志力强的人虽然不是圣人，不是善人，但也是难得的君子了。诚信无
欺是具备更优秀品质的前提。孔子说道：

善人，吾不得而见之矣；得见有恒者，斯可矣。亡而为
有，虚而为盈，约而为泰，难乎有恒矣。

"亡而为有、虚而为盈、约而为泰"就是弄虚做假，为人不诚实，
常欺骗人。比如，有人很贫穷，却要装成很富有，这就是没有操守。
孔子认为操守与诚信直接联系，行义与诚信也联系紧密。

子曰："君子义以为质，礼以行之，孙以出之，信以成
之。君子哉！"

君子把义看成万事之本，实行义是完全遵照礼，向人宣传义时态
度谦虚、诚实。一个不诚实、不守信的人，是不会本分守义的。

义是守信的标准。"信近于义，言可复也。"这是指守信的内容合
于义的要求，这种诺言履行起来不违背道义。守信固然重要，但不符
合义，就会危害社会。所以信与义有一种不可分的关系：义的实现要
靠信，信要用义来规范。

孔子对诚实、守信格外看重，认为这种品德是为人的根本。不诚
实、不守信的人即使有才能，但是在众人的眼里也是小人。

4. 过而不改，是谓过矣

孔子认为，世界上可能有生而知之的人，但不犯错误、没有缺点的人世界上一定没有。孔子认为，像尧、舜这样的人，为人同样有不足。"博施于民而能济众"，连尧、舜都不能完全做到。孔子认为，人都能有缺点、有过失、有不足，这些都很正常。

人人都可能犯错，所以犯错不是丢人的事，也不可怕。但是，孔子认为犯错后如何对待过错很重要。子夏也是孔门弟子，他说："小人之过也必文。""文"是掩饰之义。这句话的意思是，小人也知道顾忌脸面，有过错也不肯承认，要掩饰一下。小人长期做小人，就是不能改正过错。孔子认为，有了过错不能纠正，这才是最大的过错。他说：

过而不改，是谓过矣。

明知有错就是不改的人让孔子担忧。他说：

过，则勿惮改。

德之不修，学之不讲，闻义不能徙，不善不能改，是吾忧也。

颜回十分好学，孔子说他有了缺点错误及时改掉，而且绝不重复过错。

有颜回者好学，不迁怒，不二过。

这是孔子夸奖颜回在生气时不把气发在别人身上，也不会犯同样的错误。孔子听见别人指出他的错误，就万分高兴，别人对他的过错

批评指正是他求之不得的。他提倡人要常常自省，有了过错马上主动检查、主动自责，才能进步。

孔子这一思想，至今仍为人们所遵循。

5. 匹夫不可夺其志

孔子博学、多才多艺，全天下的人都钦佩他。他从事教育后也希望他的学生努力学习，争取都博学多才。

孔子日后能取得伟大的成就，与他勤奋好是学密不可分的。子曰："可与言终日而不倦者，其惟学乎！其身体不足观也，勇力不足惮也，族姓不足称也，宗祖不足道也，而可以闻于四方，而昭于诸侯者，其惟学乎？"这就是孔子后来对成功经验的心得。

孔子具备谦虚的品德，虽然他早就被喻为圣人了，但他从不以圣、仁自居："若圣与仁，则吾岂敢？"但有一点孔子不但不推辞，而且敢自夸，那就是好学。他说："十室之邑，必有忠信如丘者，不如丘之好学也。"孔子不同于别人的最大区别在于好学。

孔子是自学成才，那他的好学对象都是谁？卫国的公孙朝问子贡这个问题。子贡说："文武之道，未坠于地，在人。贤者识其大者，不贤者识其小者。莫不有文武之道焉。夫子焉不学？而亦何常师之有？"孔子并没有固定的老师，"三人行，必有我师"，不就是说谁有值得学的，就向谁学吗？

孔子也说："择其善者而从之，其不善者而改之。"由此可以看出，孔子真是谦虚好学！

孔子还注意研学古代典籍和文化，孔子评价自己"好古"，如"述而不作，信而好古，窃比于我老彭"；"我非生而知之者，好古，敏以求之者也"。这些"古"都指古代典籍和文化。

孔子博于庶物在《国语·鲁语下》有记载。

有一次，季桓子家中挖井，挖出来的东西像瓦罐一样，里面有一只看起来像羊的动物，其家人去请教孔子。家人故意说："我们挖井时得到一只狗，为什么会这样呢？"孔子说："据我所知，你们得到的应该是一只羊。我听说山之怪叫夔、蝄蛃，水之怪叫龙、罔象，而土之怪叫羵羊。"

《国语·鲁语下》记载：在吴国攻打越国时，会稽山上的越王勾践的营垒被毁，得到骨节极大的骨头，一节骨节足有一辆车那么长。后来吴子派使者来鲁国访问，让使者向孔子请教大骨的事情。席间，来客拿吃剩的骨头请教："请问什么骨头最大？"孔子说："当年大禹召集群神到会稽山，因为防风氏迟到，大禹便杀了他。他的骨节有一辆车那么长，应该是最大的骨头。"来客又问："掌管什么才是神？"孔子说："山川之灵能够纲纪天下，所以掌管山川的是神。掌管社稷的为公侯，应是王。"来客问："防风掌管的是什么呢？"孔子说："防风掌管封、嵎二山，是汪芒氏之君，为漆姓。汪芒氏是在虞、夏、商时的叫法。在周代为长狄，他们现在身材高大。"来客又请教人的身高最高能长多少，孔子说："僬侥氏的人身高才三尺，是最矮的，最高的是他们的十倍。"

还有一件事也能说明孔子博学。孔子在陈国时，有一只鹰坠在陈侯的院里，摔死了。它的身体被楛木做的箭射穿了，箭头竟是石制的，箭身有一尺八寸长。陈惠公派人带着这只鹰去孔子的馆舍请教。孔子看后说它来自远方，这箭是北方肃慎氏做的。从前周武王打败商，去九夷、百蛮的路开通了，他们被迫拿出本地土特产进贡。肃慎氏就向周天子进献楛矢和石弩，箭长一尺八寸。先王为了让后人知道自己使远方氏族归附的令德，使之永远察鉴，把"肃慎氏之贡矢"几个字刻在箭尾扣弦处，分给大女儿。大女儿嫁给虞胡公带到他所封的陈国。国君可派人去旧府里寻找，大概还能找到。"陈惠公派去的人果然在用金装饰的木盒里发现了楛矢。

《晏子春秋》中记载的故事也同样说明孔子十分博学：齐景公命人做好一个大钟，将其悬挂起来。孔子、伯常骞、晏子此时来朝见，看见钟后都说钟会坏。齐景公不信，让人撞钟，钟果然坏了。齐景公

问他们钟坏的原因。晏子说:"钟过于大,违礼,所以我说将毁。"孔子说:"钟大悬下,气不能迫近上端,所以我说将毁。"伯常骞说:"当日是庚申,为雷日。阴气不能胜于雷,所以我说将毁。"

另外,孔子还懂天文。《史记·仲尼弟子列传》《论衡·明雩》记载:有一次孔子出门前命子路带上雨具。不久,果然下起了大雨。子路很奇怪,孔子道:"《诗经》上说'月离于毕,俾滂沱矣。'昨天晚上正好月离于毕。"下一次,孔子外出时,子路要带雨具,孔子不让。果然出门后没有下雨。子路又问原因。孔子说:"昔日月离其阴,所以有雨。昨天晚上月离其阳,当然晴天。"

孔子也很擅长占筮,自称"吾百占而七十当。"就是说占筮很灵验。另据《论衡·卜筮》记载,鲁将伐越,筮之,得"鼎折足"。子贡占此卦认为是凶卦,因为鼎折足是凶兆,但孔子以为吉,他说:"越人生活在多水的地方,行走用船,足是脚,但越人不用脚,所以吉。"后来鲁伐越,果然打了胜仗。

这几则故事足以证明孔子非常博学。

不过孔子不满足于博学,他认为有志向的人要执著地追求理想目标,在遇到困难时也不改变志向。后来,子夏说的"博学而笃志"就是这个意思。

《论语》中,孔子多次与弟子讨论志向,了解每个人的奋斗目标。他鼓励学生,一旦立志就要坚持到底,而且任何外力都无法改变。他说:

> 三军可夺帅也,匹夫不可夺志也。

一个人不仅要学别人的知识,还要把自己的感受融入其中,明确自己的志向。一个人仅仅是博学,志向、理想都没有,那他学来的东西都是零散的,最终将一点儿用处都没有。将学识转为理想、志向,学到的才能是真正有用的东西。

志向是个人为之奋斗的目标，是一个人的精神支柱。所以理想也是一种力量。孔子认为：

> 人无远虑，必有近忧。

这句话字面上的意思是：一个人不做长远打算，眼前就一定会有忧患。

其实，孔子说的"远虑"是远大志向。一个人没有远大的志向，目光短浅，就会导致急功近利，把眼前小事看得很重。这样就会计较小是小非，常常会觉得不快乐，常有烦恼。

子夏要做莒父的行政长官，临行前请教孔子政事问题。孔子说：

> 无欲速，无见小利。欲速，则不达；见小利，则大事
> 不成。

这两句话与"人无远虑，必有近忧"的内涵其实相同。注重眼前小利，没有远见就是胸无大志。孔子指出"人无远虑，必有近忧"，是让人立一个长久的大志向。

孔子说的志向，有个人理想和社会理想两方面，也就是说孔子提倡人人是君子，是有高尚道德修养的人，社会才能是和谐的。子路、颜渊跟孔子讨论志向问题时：

> 子路曰："愿闻子之志。"子曰："老者安之，朋友信之，
> 少者怀之。"

孔子提倡人有志向，并提倡人锻炼意志力，这样实现自己的志向才会容易。他的学生曾子说过：

士不可不弘毅，任重而道远。仁以为己任，不亦重乎？死而后已，不亦远乎？

"弘毅"是增强毅力，与孔子说的是一回事。可是一个士有必要如此吗？士的责任重大，如果意志力不坚，士是不可能完成重任的。

意志力坚强与否，看做事是否持久。

南人有言曰："人而无恒，不可作巫医。"善夫！

这不是孔子说的话，但孔子认为这句话说得好。没有持之以恒的品质，任何事也做不了，志向再远大也没有用。这样的人，只说空话，夸夸其谈，所以子张说：

执德不弘，信道不笃，焉能为有，焉能为亡？

立志就要坚定，坚定志向就须锻炼意志力。

6. 行己有耻

孔子对做人提出的另一要求是"行己有耻"。"行"是行为，"有耻"是有羞耻之心。"行己有耻"是说一个人应当在羞耻之心、荣辱之心的督促下做些有益的事，要争取把事情做好，给自己增光。

行己有耻，使于四方，不辱君命，可谓士矣。

孔子这番话是跟子贡说的，是对人的要求，虽非行为规范，但是一种道德素质方面的要求。个人如果没有荣辱感，就会善恶不分，与动物没什么区别。人如果只知物质利益，一切都为了追求物质利益，那么他就不会关心社会舆论对他的评价。这种人多了，社会风气就会受到影响。

品德好的人都有羞耻心，所以羞耻心是品德中一个重要的基本要素。如果一个人没有羞耻心，那么这个人就没有上进的心理要求，那他也一定不会有什么成就。孔子说：

> 其言不怍，则为之也难。

这是说一个人大言不惭，不知羞耻，不能约束自己的行为，荣辱观念完全丧失了。

原宪也是孔子的学生，他向老师请教有关耻辱的问题：

> 子曰："邦有道，谷；邦无道，谷，耻也。"

"谷"的意思是拿俸禄。孔子说国家的官吏如果在国家政局稳定、天下太平、人民安乐时，拿俸禄是应该的，因为其中有官吏的功劳。但国家政治黑暗、战乱纷纷、老百姓受苦受难时，拿俸禄就是可耻的，因为这种局面同样有官吏的责任。拿的是无道之君的俸禄还心安理得，难道不感到难为情吗？孔子还说：

> 邦有道，贫且贱焉，耻也；邦无道，富且贵焉，耻也。

这也是在谈论同一个问题。意思是说：国家政治清明的时候，就应尽力为国家效劳，这样会有相应的社会地位与俸禄。如果不为国家和老百姓出力，那是可耻的。在孔子言语中能看出孔子是把一个人的荣辱与政治态度、职责结合在一起来思考的。后来孟子也说：

> ……立乎人之本朝，而道之不行，耻也。

孟子的意思是说人不能没有羞耻心，如果一个人不认为自己不如别人就是耻辱的话，那就无法赶上别人了。

"行己有耻"还表现在对荣誉的直接追求上。孔子说过，君子恨自己快死了还没有在社会上获得名望，所以认为自己才智浅陋、能力低下，深以为辱。

"行己有耻"在中国人头脑中根深蒂固，中国人都非常讲面子。国家之间往来、百姓日常生活，都把羞耻放在心上。可以说这是孔子对中华民族在心理上的影响。

7. 吾日三省吾身

"吾日三省吾身"虽然是曾子说的言论，但因为曾子是孔子学生，而《论语》是孔门弟子记述孔子言论的合集，所以学术界一般把《论语》中孔子弟子的话当作孔子的话。

曾子这句话原为这样：

> 吾日三省吾身——为人谋而不忠乎？与朋友交而不信乎？传不习乎？

这是说我每天都在不断反省：我替别人办事尽心尽力了吗？与朋友交往我够真诚吗？老师教的东西，我练习了吗？孔门弟子格外看重自我反省，这当然与孔子的教导有关。

孔子提出来的一系列人生修养方法，对整个儒家的道德修养学说产生了深远的影响。孟子不仅继承了孔子的"君子求诸己"的思想，还深入到"反身而诚"。一个人要想干成一番事业，那么就要首先修养好自己的内心世界。

8. 人之生也直

孔子最憎恨那些不讲是非、没有原则四面讨好的人，他认为这些人跟道德风气败坏有很大关系。他说：

> 乡愿，德之贼也。

没有坚定的个人立场、巧舌如簧的人，会破坏社会的风尚。卫国大夫史鳅为人耿直，孔子赞扬他说：

> 直哉史鳅！邦有道，如矢；邦无道，如矢。

这是孔子在夸史鳅耿直！在国家政治清明时他如箭一般正直，在政治黑暗时，他也不改初衷。他教导他的学生，为人一定要正直。

柳下惠秉公执法，非常正直，但鲁国掌权者不接纳他，所以三次被撤职。有人建议柳下惠离开鲁国，柳下惠说：

> 直道而事人，焉往而不三黜？枉道而事人，何必去父母之邦？

"父母之邦"就是养育自己的祖国。柳下惠因为正直三次被罢官，但他不后悔，始终不离开祖国。孔子多次称赞柳下惠。

微子是殷纣王的哥哥，他不想眼睁睁地看着殷朝灭亡，多次向纣王进谏，纣王从不听取。微子无奈之下，只好出走。箕子和比干是纣王的叔叔，他们都向纣王进谏，纣王不采纳。箕子披头散发、佯装疯子，结果被纣王革去爵位，贬为奴隶。比干却直言进谏，却被纣王把他的心挖了出来。微子、箕子和比干三个人正直勇敢的品德，孔子十分欣赏，认为他们三个是殷商的三位仁人。

> 微子去之，箕子为奴，比干谏而死。孔子曰："殷有三仁焉。"

孔子提出了一个关于正直的品德对于人生的价值，在人生中占何等地位的观点。他说：

> 人之生也直，罔之生也幸而免。

"直"是正直，"罔"是不正直、说假话、骗人的人。孔子的意思是说，生存在世界上，人靠的是诚实、正直、待人坦诚。不正直的人，虽然也能生存，那是靠侥幸得来的。

孔子为什么会这么认为呢？孔子是一个理想主义者，他不能接受国家政治不清明，国君不是有道之君。政治清明，有道之君当朝，正直的人就会在心术不正的人上面，老百姓会拥护这样的君王。所以孔子认为不正直的人是靠运气偶然生存下来的，这就是"幸而免"。

樊迟问孔子怎样才算得上聪明？孔子说善于鉴别人的人聪明。樊迟说自己不明白。孔子对他说，任用正直的人为官，并安排在邪恶人之上。樊迟还是不太明白，又问子夏。

> 子夏曰："富哉言乎！舜有天下，选于众，举皋陶，不仁者远矣。汤有天下，选于众，举伊尹，不仁者远矣。"

子夏用事实给樊迟讲解孔子说的"人之生也直，罔之生也幸而免"。

孔子说过，一个人在官场上要能顺利、平步青云，那他的本性就必须是正直的，他的内心世界充满正义、道义。他认为被世人厌恶、脊梁常让人指着的人能生存是"幸而免"了。

孔子的这一观点，在几千年的封建社会里始终是一种理想，实际上不可能实现。国君都不喜欢"质直而好义"的人，孔子本人"质直而好义"，就是实例。孔子的理论，只是表明他把"质直好义"做为一种理想。他的这一人格理想在中国的知识分子中，影响非常深远。

第三章 初涉政坛

一、从政情怀

孔子从京师归国时，鲁君同季氏等当权贵族关系十分紧张，政局极其不稳。双方之间的力量相当不平衡，社会处于动荡之中。此时的孔子离开鲁国，开始了他艰辛、漫长的政治求索历程。

从西周晚期开始的社会改革到春秋时期已很普遍，土地政策和赋税政策均已大幅度调整过。

中国古代社会的经济结构，是将土地分割给奴隶主贵族，在城郊及农村保留古老的公社组织形式。政府在城郊开辟大规模藉田，农忙时把附近公社的壮丁调集到那里义务耕作；军赋由近郊和远郊的公社平摊。卿大夫贵族模仿国家的这种"使民以藉"的方法，也在自己的领地上如此炮制，增加收入；他们建立的私卒也主要由所属领地的公社提供日常用品。因此，公社的存在与发展，是国家和贵族利益的有力保障。

随着生产力的发展，古代公社经历了三个改进阶段。其中第二阶段也可称为井田制阶段，大约在西周时期完成的。其基本特征是个体农户从事独立的份田劳动，他们有定期或不定期的权力支配所分得的土地，对于自己的产品也可较灵活地支配，所以农民的劳动热情被激发出来，解放了生产力。但是，井田制公社存在一个弊端：由于份田经常轮换，就使得农民过度使用土地，地力过度消耗。农户知道把土壤改良、沟洫整治好后也会成为别人的，就都不愿为提高地力进行投资，因此，延长换土易居的周期是必然的。其后，许多农户，特别是对份田投入固定资本的农户提出进一步延长份田使用期，有的还要求长期占有份田。政策放开后，一个必然的结果是导致贫富分化。公社内部的富者、特权者以及当地贵族利用现成的政治经济权力，长期霸占、掠夺公社土地及农民财富，土地轮换成了空话。这种状况普遍后，公社的衰落期也就到来了，即份田固定阶段。古代中国各地进入这个阶段的时间不一，不过，基本上都是在西周晚期以后数百年间。

份田固定不变后，农户对其份田可以长期支配，转让、出售，土地由此之后从公社集体所有转为个体农户所有。这样，进一步解放生产力后，公社组织名存实亡。维系公社成员的血缘纽带也因此断开了。因为土地兼并、商业发展和战乱等，大批人口流徙各地。鉴于此，国家和贵族不能像原来一样通过公社抽调劳力到藉田劳动，他们的土地因此大批荒芜。为了改变这种状况，国家一方面登记户口，重新编制基层组织，加强行政管理，另一方面废除藉法，按田亩、产量或人口征集税收。军赋也不再硬性均摊，而是按土田或新的政策执行。这种改革在流民最多的地方率先开始。

西周晚期，周宣王在王畿最先取消"使民以藉"的老办法，推行新的赋税政策。类似改革从此之后在春秋一些国家展开：

管仲相齐时，制订国野郊遂之制，以公社为单位的地方编制结构被打破，军事编制与行政编制合一，成为临战体制，又"相地而衰征"，征税多少取决于土地多少、好坏。

晋秦韩原之役后，晋执政吕甥颁布"作爰田""作州兵"两项政策。作爰田就是不再换土易居，农户对份田永久占有；作州兵是把征兵范围扩大，获得永久份田的百姓必须服兵役。

鲁宣公十五年（公元前594年），鲁开始按田亩征收田税，也就是"初税亩"。成公元年在丘内按田亩征收军赋，也就是"作丘甲"。

楚康王时，楚令尹屈建令司马䓕掩"书土田""量入修赋"，将各地土田按地理环境分为八类，根据各类土田实际收益重新制订军赋数额。

当时郑国子产是出色的政治家。子产姓公孙，名乔，子产是他的字。子产比孔子大三十岁左右。在孔子三十岁的那年，子产去世。他在郑简公、郑定公时做了二十二年宰相，当时，晋、楚两国十分强大，郑国是个小国、弱国，位于两个大国之中，生存艰难。子产顺应历史潮流，在国内开展一系列的改革，使郑国得以稳定、经济建设取得成绩。子产具有卓越的外交才能，他不卑不亢地周旋于两个大国间，使国家安全得到了保证。

青年时代的孔子贫贱而有志。他想先通过自己的努力，恢复士的身份，在贵族的名衔下发展自己。周礼规定官爵是世袭的，参与政治不是百姓能企及的。

尽管士在贵族中等级最低，但也是贵族身份。知识分子在当时只能一级一级往上升，所以成为士就是有了通行证。后来樊迟问孔子如何种庄稼、如何种菜，孔子说种地的免不了要受饿，学知识的有机会吃俸禄。所以也可以说当孔子立志学习时，肯定有走仕途的想法。孔子看到旧制度正在被新制度所取代，在有些诸侯国，世袭制渐渐有松动，管仲不是贵族，早在一百多年之前就辅佐齐国长达四十余年，这是对年青孔子的鼓舞。孔子当时已经知道自己是圣人之后，所以他觉得自己有责任恢复家祖的显赫地位。因此，孔子成年后对政治越来越感兴趣。他开始关注政治大事，热情很高地从子产的事迹中学习，所以孔子对子产很崇拜，以他为榜样。研究他的思想。

《论语·公冶长》上记载，孔子这样评价郑国的子产："有君子之道四焉：其行己也恭，其事上也敬，其养民也惠，其使民也义。"

孔子二十三岁时，正赶上晋国想借楚国内乱，将北方几个诸侯国结盟在一起。晋国胁迫诸侯在平丘集合时动用了许多军队。齐国不同

意，但晋国用军队威胁，齐国屈服。其他诸侯国也被迫同意。晋国重新颁布各国缴纳贡赋的数目，各诸侯国不敢据理力争，唯独子产大胆反驳，说郑国地位低下，应当少纳贡赋。子产与晋国讨价还价很困难，"自日中以争，至于昏，晋许之"。

孔子对此特别感慨，他说："子产于是行也，足以为国基矣。"这是说子产敢与大国相争，"足以为国基"就是郑国的立国之本。子产此举后来果然影响了孔子。孔子后来陪着鲁昭公与齐景公会盟时，就为鲁国扬眉吐气了。

后来子产在齐国执政，郑国人就开始议论长短。当时的乡校就是人们谈论政治的去处。有人告诉子产乡校应拆毁，避免人们乱政。子产不同意。他说如果他们赞扬我，那我就知道我做对了，以后也要如此做；如果他们批评我，我就要改正，所以不毁乡校。十几年后，年轻的孔子听到有人说子产的坏话，就把多年前子产不毁乡校的事当证据：从子产不毁乡校，让人们议论政事来看，子产不会不仁。

鲁昭公二十年（公元前 522 年）时，在郑国执政长达二十二年的子产病逝的消息传来，近三十岁的孔子潸然泪下，称子产为"古之遗爱也"。

二、鲁国内乱

1. 是可忍，孰不可忍

孔子离鲁赴齐时，鲁国的政局非常动荡，不仅楚晋齐等强大国家在威胁这个弱小的国家，鲁国内部也是一团混乱。鲁公室与鲁国最有势力的"三桓"贵族之间，斗争相当尖锐，"三桓"之间也矛盾不断。

从鲁宣公九年（公元前 600 年）开始，"三桓"便轮流担任鲁国执政，季氏执政时间最长，势力也最大。"初税亩"是季文子任执政时颁布的，所以鲁襄公十一年（公元前 562 年），季氏要求把国家军队改编，公室郊遂应划分为上、中、下三军，"三桓"各领一军。昭公五年（公元前 537 年），鲁政府把中军取消，把公室郊遂重新划分为四部分，季氏占其半，孟氏、叔氏各占四分之一，这些地方有不服兵役的一律加收赋税，然后把一部分所得交公。这一措施有对国家有利的正面意义，但季氏等人把军权握到各自手中，"三桓"增强了实力，特别是季氏严重削弱了公室，使鲁君成为虚设之主。鲁昭公同三家的矛盾，特别是同季氏的矛盾在昭公二十五年发展到诉诸武力的程度。

对于鲁国，昭公二十五年是多事之秋。这年无雨，鲁国在七月举行祈雨祭两次了，仍没有下雨。鲁国上层社会，正酝酿铲除季平子的秘密活动。当时是叔孙昭子任执政，国卿为季平子。这次秘谋是季公亥、郈昭伯及鲁昭公父子策划的。季公亥是季平子的庶叔父，季平子在族内发生纠纷时不能公正处理，使他蒙受耻辱，所以恨季平子。郈昭伯是鲁贵族。郈氏与季氏斗鸡也发生纠纷。原来季氏给鸡穿上护甲，郈氏给鸡套上锋利的金属爪子，季氏鸡败后，季平子大骂郈氏，并强占了他的房子。鲁贵族臧昭伯也与季氏有矛盾。密谋除去季平子的起因是这样的：这一年昭公准备祭祀先君襄公，按规定要跳万舞，但公室的舞队到季氏家跳万舞去了，六佾组成的舞队只剩下二佾。此时，孟孙、叔孙、季孙三家也在祭祀祖先。季平子把从公室调来的乐队和自家的乐队合成八佾，欺君犯上地演出天子才够资格享用的万舞。三家祭祖撤奠时，又违礼唱起天子用的《雍》歌。而公室的祭祀规格低于三家不说，连万舞也不能跳，十分冷清。昭公非常生气。臧昭伯本来就对季氏不满，于是趁机唆使群臣都抱怨季平子。季公亥与昭公的三个儿子想将季平子除掉，郈昭伯表示赞成。

昭公批准这一决定后，于九月十六日兴师讨伐，把季平子的兄弟公之杀死后，兵将攻入季氏家大门。季平子在观台上好言好语地请求

宽恕，昭公拒绝了。此时，叔孙氏的家臣带家兵救援季氏，孟孙氏也带人参战，郈昭伯被杀后，昭公的部队战败了，支持昭公的人纷纷逃亡，昭公也要出走。昭公说："我忍受不了季氏那样对待我！"就算季氏不报复，我也不留下，于是和一批随从逃到齐国，后来又逃到晋国，流亡七年，最后死于晋国。在这期间，叔孙昭子外出回来后得知此事，劝季氏把昭公接回。季平子同意后，等到昭公准备回国时，季平子又不同意了，叔孙昭子绝食自杀，以示愤慨。

从京师归来后的孔子，亲身体验的内乱就是鲁国君臣之间与各当权贵族之间的这场战斗。在这场斗争中，双方的利益心理、阴谋等，孔子全部耳闻目睹。他认为这些在礼仪场合大兴礼乐的人其实是礼乐精神的毁灭者，国君不像国君，人臣不像人臣，周礼要求的君臣同舟共济关系全被破坏。在孔子看来，礼在鲁国已名存实亡。他对季平子敢用八佾舞祭祖评价道："八佾舞于庭，是可忍也，孰不可忍也？"三家祭祖用《雍》也受他批评："'相辟维公，天子穆穆'，奚取于三家之堂？"礼被糟蹋得不如荒废掉，鲁国内政混乱，孔子决心带学生到齐国去！

2. 游齐论政

孔子在鲁昭公逃亡之后，大约在昭公二十五年十月或十月以后，坐着君王赠他的那驾马车，赶赴齐国。

车出城关，绕过泗水，来到西北郊遂。展现在眼前的广漠田野，使孔子师徒一出城关便感受政局平稳对人的重要性，但不久，他们渐渐发现问题了。由于久旱，田野上完全没有丰收场景。下了几场雨后，龟裂的土地也不见湿润，庄稼还没有野草长得壮。田间根本看不到农夫耕作、收割，许多人逃难去了，孔子师徒有时还遇见急于赶路的逃荒饥民。眼前的景象同季氏与国君比排场的情形相比，对照强烈。

几天后，他们从泰山附近经过，碰上这样一件事。

在泰山脚下，孔子一行正在荒山野郊行走，阵阵悲凉的哭声忽然传入耳鼓。孔子师徒看见远处一位妇人坐在一个新坟前痛哭。孔子让子路上前询问，子路就问她为何哭得如此悲伤，妇人说："我公公以前是被这山里的老虎咬死的，我丈夫后来也被老虎咬死，现在我儿子又被老虎咬死了，我能不伤心吗？"孔子说："那你离开这地方不行吗？"妇人回答道："这里没有可怕的苛捐杂税啊！"孔子感叹地跟弟子们说："你们记住了，苛政猛于虎呀！"

孔子到齐国都城临淄（今山东临淄）后，专程去拜访齐卿高昭子，在他家做了家臣。齐襄公时，高氏是国卿，在齐国最有影响。孔子想通过他在齐国从政。投奔外国的贤人，通过外国卿士大夫的介绍从政的做法，在春秋战国时很普遍。孟子说："观远臣，以其所主。"这句话的意思是说，观察一个从外地来求官的人，看看他所寄附的主人是什么样的人就行了。可见古代这种做法很普遍。孔子后来在卫国、陈国，都有高氏这样的依靠。

孔子来齐后，同齐国的名大夫晏婴接触过，对晏子的印象很好，认为他是一位"善与人交"的上层人物。

有高氏从中周旋，齐景公很快就接见了孔子，并向孔子咨询了一些政治问题。孔子说："从政最重要的在于君王就要像君王，臣子就要像臣子，父亲就要像父亲，儿子就要像儿子。"也就是每个人都要各居其位，各干其事，各守其礼，不要违礼。这个主张对于维护齐景公的地位很有好处，所以齐景公对孔子说："讲得好呀！如果君不君，臣不臣，父不父，子不子，那么收获的粮食再多，我也吃不着！"

孔子回答齐景公的话，也是有一定针对性的。因为当时在内政方面齐景公也遇到了麻烦。大夫陈氏经济实力雄厚，小斗进、大斗出，把民心拢住；而齐景公却克扣百姓，所以民心倾向陈氏。陈氏的势力大于以往，齐景公受到威胁。

齐景公宠姜众多，立太子很难，矛盾也很多。孔子对齐景公讲的道理，是在暗示齐景公要树立自己的威信，要抑制大夫的势力；宠姜

的干扰虽在家庭内部，但也要排除，尽快确立太子。齐景公也想如此，但却不容易做到。

不久，齐景公又问孔子管理国家的问题。孔子说节约财政开支是管理国家的重点。孔子知道齐国从管仲执政时起，就开始鼓励消费、发展经济，所以国家的财政开支很大。晏婴执政后提倡节约，孔子这么说，齐景公当然认为对。齐景公很欣赏孔子，想把尼溪一带的田地封给孔子，让孔子在齐国享有贵族身份。这距孔子在齐从政的目标只有一步之差了。

但是谁也没想到，晏婴会阻拦这件事。

晏婴是齐国大夫，大孔子二三十岁。是齐灵公、齐庄公、齐景公三朝元老，是春秋时著名的政治家、思想家。晏子与孔子的主张在重礼、重义、重德上相同，但在另外一些问题上分歧很大。

晏婴反对的理由是：

> 夫儒者滑稽而不可轨法；倨傲自顺，不可以为下；崇丧遂哀，破产厚葬，不可以为俗；游说乞贷，不可以为国。自大贤之息，周室既衰，礼乐缺有间。今孔子盛容饰，繁登降之礼，趋详之节。累世不能殚其学，当年不能究其礼。君欲用之以移齐俗，非所以先细民也。

他对齐景公说，儒家搞的那一套有四大弊病：首先，这些人善辩能言，不守法度；其次，这些人自以为是，待人不恭敬，为人任性，作为臣下使用不适合；第三，儒者重丧，死人时不惜花费钱财厚葬，这种风俗不能提倡；第四，儒者游说各地，高官厚禄才是他们的目标，不能专心治理国家，晏婴还说孔子提倡的礼节，过分注重形式，几代人都无法学懂，对只想安居乐业的老百姓，这些并不重要。

晏婴的这一番话有挖苦、夸张的成分，但也很有道理。齐国本来是姜太公开创的地盘，姜太公当初"因其俗，简其礼"，管仲四十年经营后，儒家的作法当然会受到抨击。孔子在齐国从此受冷落了。齐景公对孔子依旧很尊敬，但不再咨询任何事了。

有一天，齐景公对孔子说："我没办法像鲁昭公对待季氏一样对待你，我只能用季氏与孟孙氏之间的待遇对待你了。"看来齐景公想重用孔子，但是为难，所以用季氏与孟孙氏之间的待遇对待孔子。这对孔子已经不错了，中卿之位是连鲁国国君都不会给他的。

齐景公给孔子的待遇太高了，齐国大夫们不满意，想加害孔子。孔子听到后，请求齐景公帮助，但是齐景公也没办法。他说："我老了，不能任用你了。"齐景公很抱歉，孔子失去了靠山。

孔子一直以为只要具备知识、才能、道德就能当官了，他没有想到具备这些后还会这么困难。他深切体验到矛盾的心情和被卿大夫排挤的滋味。

3. 考察夏礼

孔子在齐期间曾去杞国专程考察夏礼。

杞是夏代后裔的封国，位于现在河南杞县。春秋早期，杞人灭淳国后迁都于杞，后迁缘陵；鲁昭公元年（公元前541年），杞文公复迁都。孔子到京师洛邑考察周礼前去过宋国考察殷礼，这次赴杞考察夏礼是最后考察三代礼制。洛邑考察是三次考察中收获最丰的一次。孔子后来说：

> 我欲观夏道，是故之杞，而不足征也，吾得《夏时》焉；我欲观殷道，是故之宋，而不足征也，吾得《坤乾》焉。《坤乾》之义，《夏时》之等，吾以是观之。

"夏道""殷道"，都是夏代和殷代的礼仪制度。杞、宋保存的夏、殷礼仪制度由于太久了，基本上都没人再用了。以前孔子在宋国得到一本阴阳卜筮书，名叫《坤乾》，里面讲的是阴阳变化的道理；这次

在杞国得到一本历书名叫《夏时》，里面讲的是夏代历法知识。这些对于他进行三代礼制的比较研究帮助很大。

除赴杞考察外，孔子在齐国还有幸观赏了古典乐舞《韶》，因此十分高兴。

《韶》是虞舜时期的乐舞，是陈国的传统节目。陈公子完在齐桓公时逃亡到齐国，齐桓公很器重他。陈氏势力强大后，《韶》在齐国宫廷成为风尚。孔子是齐景公的座上客，所以能有机会欣赏。

《吕氏春秋·古乐篇》上载《韶》的原始形式应为帝喾时期的《九招》。帝喾是继黄帝之后的第三任首领。帝喾命咸黑作乐舞《九招》《六列》《六英》，并用鼓、鼙、钟、磬、苓、埙、管、篪等乐器伴奏，化装成凤凰和天雉的舞者在乐曲声中舒缓起舞。其中《九招》因为表演时演员身体摇摆，像鸟一样，故名之曰《招》，内容共九节，故称《九招》。帝舜时期，这些乐舞有了改进，二十三弦的瑟添进来伴奏，《九招》仍是领头的节目。《九招》后来又加上一种新型的排管乐器箫伴奏，所以又叫作《箫韶》。《尚书·益稷》说："箫韶九成，凤凰来仪。"这证明后来的《韶》与原来成数一致，表演者仍化装成凤凰招摇起舞，像凤凰来到了人间。众多乐器伴奏的、模仿神鸟的大型乐舞，场面盛大、舞姿曼妙，情调原始而且浪漫。吴公子札在鲁国看到《韶》时，称赞它"像天一样笼罩着一切，像地一样盛载着一切"。孔子观赏《韶》舞时，如醉如痴，不能自拔：

> 子在齐闻《韶》，三月不知肉味，曰："不图为乐之至于斯也！"

由此可见，孔子的音乐素养和艺术感受很不一般，他在欣赏《韶》时，竟达到了人舞交融的审美境界，很久之后吃肉都没有滋味，认为物质上的享受远不能和精神上的相比。《韶》在孔子心目中不仅声色之美强烈，而且内容完整，美与善达到统一。周人的《大武》也曾得到孔子好评，但他认为《韶》比《大武》更好：

> 子谓《韶》尽美矣，又尽善也；《武》尽美矣，未尽
> 善也。

《大武》在孔子看来有战争意味，而《韶》要和谐得多。

尽管孔子在齐国有种种快乐和不错的待遇，但齐景公一说："我老了，不能任用你了"，就等于下了逐客令。因此，孔子师徒只好匆忙回国。离开时，似乎还很危险。孟子说："孔子之去齐，接淅而行。"淅，淘米；接，漉干。接淅而行就是刚把淘好的米捞出来就走了。

孔子离开齐国大概在齐景公三十三年（公元前515年）。他在齐国待了大约一年半的时间，之后，他再也没有去过齐国。

第四章 上下求索

一、研究礼乐

孔子由齐归鲁时，鲁国内部因鲁昭公回国引发的斗争已经平息，但这个问题引发的斗争仍在国外继续，并影响着鲁国政局。

在以晋国为盟主的诸侯国中，宋、卫等国认为鲁昭公返鲁是正确的，晋、齐二国则认为是错误的；晋顷公、齐景公同情鲁昭公，但晋卿范献子、齐侯宠臣梁丘据一致认为昭公是罪有应得；在昭公流亡集团中，原鲁大夫子家子建议昭公尽早回国，其他人则不同意，从中阻挠。国际国内的种种原因，使昭公复国始终搁置。鲁昭公终日忧虑，在他出走后的第七年，在晋国乾侯病死。

昭公死后，季氏将昭公之弟公子宋立为君，史称定公。昭公遗体不久后运送归鲁，季平子打算把他埋葬在鲁公墓一旁，在昭公墓与鲁公墓之间挖一条沟，与鲁先君墓分开，鲁大夫荣成伯极力反对，季平子才住手；季平子又打算给昭公一个坏谥号，荣成伯同样阻止；最后，昭公被葬在鲁公墓的道南，同道北的鲁先君墓还是隔开了。

孔子对国内的冲突保持沉默。季氏等鲁国当权者也没有心思考虑孔子的安置问题。孔子对这场长达七八年波及诸侯各国的政治大冲突极为反感，深恶痛绝那种派系较量。他深感乱世自周平王东迁就开始了，王室衰微，诸侯攻伐，周礼遭践踏，民不聊生。动乱的时局以及他在齐国遭受的挫折令他无心从政。他深居简出，集中精力从事教学活动，并开始研究思想文化，希望从《诗》《书》礼乐中看到希望。鲁定公即位之初，有人问孔子为什么不从政了。孔子说：

"用自己的行动，把《书》上讲的孝顺父母、友爱兄弟的品德贯穿到生活中就是参与政治呀！为什么一定要做官呢？"孔子其实是多么不甘心地说出这番话的啊！

其后的十四年时间里，孔子津津有味地过着清贫生活，他吃粗粮、喝凉水，弯起胳膊当枕头。有一次，他的爱犬死了，按当时习俗狗死应该把尸体用车伞盖包裹起来，可是他实在很穷，只好用一条旧席子包它。他不在乎生活上的困苦，把心思放在文化教育事业上，追求充实的精神生活。孔子说：

学而时习之，不亦说乎？有朋自远方来，不亦乐乎？人不知而不愠，不亦君子乎？

只要学问是不断进取的，育人子弟就是人生一大乐事。精神上的享受和物质上的享受相比，前者更重要，即使旁人不了解，那也不必烦恼。

此时，孔子全面进入对夏、商、周三代礼乐文化的比较研究。经研究，他得出后世之礼较前世之礼退步的结论。

原始宗教礼乐是中国古代礼乐文化的前身，中国古代礼乐文化是早期国家的文化形态。它将宗教、伦理、诗歌、音乐、舞蹈融为一体，自夏、商、周，其内容形式由神鬼崇拜逐步发展为理性、雅正的文化。相传周公姬旦最先制定了礼乐，其后继者又将周代礼乐进一步完善、提高。

周礼与殷礼、夏礼的不同之处在于道德理性。这种理性创造在周公制礼时就十分明确。

先君周公制周礼曰："则以观德，德以处事，事以度功，功以食民。"

则是礼的基本原则，是考察人们德行的标准，是行事的基础条件，办事效果取决于此。遵从礼的基本原则就是为人要有德。要引德从礼，使周礼成为行为的指导和规范。德最初不见得是周人提出的，但把德同礼密切联系起来的却是周公。

但周公没有指出周礼的原则是什么。不过从周礼的基本精神判断，尊尊与亲亲应是其基本原则。尊尊是在氏族内部强调下对上的尊崇；亲亲是在氏族内部按血缘关系决定远近有别等。尊尊与亲亲在周人的嫡庶制、宗法分封制、宗庙制、丧服制等重要礼制中全能感受到。嫡庶制是将正妻之子与其他婢妾所生子规范在不同的权利之下，确立嫡长子世袭也就是宗法分封制。商代后期制定的这种制度，在周公以后才完善。宗法分封制一方面制定"大宗""小宗"编制，将宗族等级与政治等级合一，在同姓贵族中强化从属关系；一方面让大宗以血缘为纽带，亲如一家，体现尊尊与亲亲相结合的原则。对异姓贵族，用分封和联姻使他们成为亲亲关系的补充。这种宗法政治模式在周人改造氏族社会结构时取得重大成功，既促进了周代社会的长期稳定，又为"四海一家"提供了遵循依据。

尊尊亲亲既体现了周人嫡庶制的长处，又对他们的宗庙制度和丧服制度起到约束作用。周人不同于殷人，天子、诸侯祭先王时设始祖、高祖、曾祖、祖、祢五庙，大夫设始祖、祖、祢三庙，其余人的先祖牌位迁入始祖庙，没有专庙祭祀。这就是祖愈远愈尊，有享受祖庙资格，周王室以其始祖配天；另外，也有亲亲之别，故"上杀、下杀、旁杀而亲毕"。嫡庶远近在服丧期间有"五服"之别，居丧期分三年、一年、五月、三月不同。这都是周礼讲究尊卑亲疏的表现。社会在不断地发展，周人的礼仪也"经礼三百，典礼三千"，不断在变化。

以道德理性为特征的周礼是对礼的一次变革。它将神鬼祭祀的礼转变了职能，使人们摆脱宗教蒙昧、不再追求虚幻世界，而是追求应用。但是这种作用也很有限。人类文明当时才刚开始，周礼中的大量宗法内容尚未成熟，理性原则还依附于宗法关系。

与夏礼、殷礼相比，周礼还有独特的美感。随着物质文明的进步，西周春秋时在礼仪场合使用的各种声色手段，如乐律、舞技、服饰、诗歌创作等都大为发展，也更加富丽、典雅，进一步陶冶人的情操。这是周礼向前发展的一个重要表现。

孔子认为周代礼乐文化同夏、商二代的古典文化相比，属于现代文化；同落后地区相比，属于先进文化。这种有所建树的周文化，理所应该尊崇、发扬。"从周"正是孔子此种愿望的简要表述。在三代文化并存的春秋时期，确立周文化的领先地位，对于民族融合与文化交流有着积极意义。孔子从三十七岁考察礼仪开始到四十岁前后，就认定要为周礼的进一步推广、普及献身。他称自己"四十而不惑"，看来也包括"从周"的信仰。周公是制礼作乐的奠基者，是第一个把德引入礼的人，孔子认为周公是一位才德完美的人。

在研究周礼的同时，孔子对其他民族的文化也有借鉴地吸取其精华。他说：

　　行夏之时，乘殷之辂，服周之冕，乐则韶舞。

夏时是指夏历，以建寅之月为元月，符合自然季节，对农业生产有好处；殷辂，即商代马车，用木料做的，不用皮革覆盖，不用玉装饰，比较节俭；周冕是周代贵族用的礼帽，华贵美丽；韶舞即舞乐《韶》。孔子说这些全是历史上的好的文化成果，全部应当吸取。

孔子研究礼乐文化时，除了确定了周礼的率先地位外，从周礼的道德理性中还体味出仁。

周礼的道德理性是尊尊与亲亲，那么遵其意，这种讲究血缘关系的爱的核心是亲子之爱，并分支出孝、悌等道德观念。这就是仁。在《国语·晋语》《古文尚书·金縢》和《左传》等古书中，仁的含义均不相同。

二、"仁"的内涵

"仁"字最早出现于春秋初期，《诗经》和《春秋左传》等书中早已提到。在孔子之前，"仁"只是模糊的道德范畴，是指内在美德。《诗经》中提到"不如叔也，洵美且仁"和"卢令令，其人美且仁"，都与"美"相提并论。因段玉裁《说文解字注》："羊大则肥美"中的"美"是指外表美，所以，"仁"是指心灵美。

仁既然是内在美德，内涵就是多方面的，如"幸灾不仁""乘人之约，非仁也""出门如宾，承事如祭，仁之则也""刚愎不仁"等。统治者对人民关心也是仁："恤民为德，正直为正，正曲为直——参和为仁"等。

对于仁，孔子在各种不同的关于仁的解释中，格外认同爱亲为仁，把它同礼联系起来，坚持在人际关系和政治道德方面谈论仁，用仁影响礼、改造礼，创立独树一帜的仁论和从仁出发的礼论。

孔子此时开始谈论仁，学生也频频向他讨教仁。《论语》中，关于仁的记载多达一百余处。

孔子所说的仁有三个含义。第一个含义是珍惜、尊重生命。"志士仁人，无求生以害仁，有杀身以成仁。"孔子认为苟全保命看起来是保护生命，实际上是对生命的糟践、侮辱，生命的意义取决于精神价值。因此，为某种追求献身，才是对生命的真正珍惜和尊重，是成全仁。

仁的第二个含义是对父母手足的关爱。

父母双亡，"食旨不甘，闻乐不乐，居处不安"的体验，是对父母的爱和思念的自然流露。由此，仁最终表现为对所有人的关爱。这是仁的第三个含义，也是终级归宿。

用字形构造解释孔子的仁的方法现在还有：人二合成仁，二人以上才能存在仁。但仁字造成的时代还没有孔子，所以难以表达孔子的思想，不能自圆其说——仁的后两个含义能解释通，但第一个含义解释不通。

"仁远乎哉？我欲仁，斯仁至矣。"在孔子看来，求仁是要有主动性的，是一种内心的要求，绝不是被动的。只有这样，仁才会存在。因此，仁并不遥远，存在于否取决于人的内心。

孔子还特别强调做到仁的途径："夫仁者，己欲立而立人，己欲达而达人，能近取譬，可谓仁之方也已。"实际上，仁的三个含义都在讲两件事情：一是为己，一是为人。为仁又可概括为立己、达己和立人、达人。实践仁，也就是立己、达己和立人、达人，这些时刻都能在内心和外界做到"能近取譬"。

孔子认为，礼中的"亲亲"范围狭隘，但它是培育仁的思想土壤。一个不孝敬父母的人，不可能仁。

三、孔子论仁

1. 孝悌乃为仁之本

孔子认为只有在孝悌的基础上才能产生仁，所以他说做人首先要

做到孝与悌。对父母行照顾之责是孝，与兄弟友好为悌。做人一定要孝悌两全。

关于孝，孔子与他的学生宰我有一段对话。

宰我问孔子：父母亡故后要服丧三年，这太长了。三年不习礼，孝子对礼仪就会荒疏；音乐三年不演奏，就会生疏了。陈谷子吃完了，新谷子都下来了，打火用的燧木又经过了一年。宰我最后认为守孝一年足够了。

孔子问宰我："父母死亡不足三年，你吃好穿好心安理得吗？"宰我说："心安理得。"

孔子说："既然你心安理得，那就做吧！君子守孝期间，因为想念父母，陷于哀悼之中，好饭吃着也不觉得香甜，听音乐也不觉得快乐，家里条件再好也不觉安稳。所以他们都是守孝三年。你认为你会心安理得，你就照你的想法去做好了。"

宰我刚走，孔子说：

予之不仁也！子生三年，然后免于父母之怀。夫三年之丧，天下之通丧也，予也有三年之爱于其父母乎？

"予"是宰我的名。孔子当时很气愤，所以说"予之不仁也"。孔子坚持为父母守孝三年，是因为父母为子女付出的心血实在太多，父母为养育子女要承受很多困苦与考验，父母去世后，子女不能不思念生身之人，不能不哀悼他们，如果刚生下来的孩子没有父母，离开父母的怀抱，没有父母抚养，就生存不了。父母去世后，子女怎能不为父母守三年孝？所以孔子所讲的孝，是以守丧的形式表示自己对父母的爱。

孔子觉得亲子关系是最永恒最牢靠的关系。如果一个人连他的父母都不能爱，在父母去世时也毫不悲伤，那么这个人毫无仁德。孔子的学生有若说：

　　孝悌也者，其为仁之本与！

　　做人对父母不孝，这个人就不太仁。所以，孔子首先在教学中教育弟子们要孝敬父母。子夏曾说："一个人对父母若尽心竭力地照顾，即便是他没有正式学过礼仪，那他也是君子了。"孝敬父母在孔子的思想中所占的地位十分重要。

　　孟懿子请教孔子，如何做才算是孝？孔子说："对待父母要依照礼。父母在世，要依照礼节侍奉；父母去世了，要依照礼节埋葬、祭祀。没有礼节，就是不孝。"

　　孔子认为"孝"的含义还有许多人不知道，他们根本不知道如何孝敬父母。子游问这个问题，孔子说：

　　　　今之孝者，是谓能养。至于犬马，皆能有养；不敬，何以别乎？

　　孔子说将养活父母理解为孝敬父母是不对的，因为人们对他们饲养的牲口也是"养"，不养它们就是饿死它们。对父母没有发自内心的真情，而只是考虑"养"，那么养活爹娘和养活犬马有什么不同呢？所谓孝，就是礼，就是敬。

　　子夏向孔子请教对父母采取什么样的态度才能算上孝？孔子说："对父母不仅要关心，关心时和颜悦色更重要，所以更难。如果仅仅是父母让子女为自己做事情，子女办了就是孝；如果可口的饭菜让父母吃，可是心中没有敬意，或是心不在焉就算孝，那就大错而特错了。"

　　　　子夏问孝。子曰："色难。有事，弟子服其劳；有酒食，先生馔，曾是以为孝乎？"

孔子认为仅仅是替父母劳作、让父母有好吃的东西不算孝敬。孝敬是儿女从心里敬重老人。这种发自内心的爱表现在脸上就是和颜悦色。孔子的这一番道理，与他向子游讲的"不敬，何以别乎"是一回事。

孔子后来答孟武伯时，说：

孟武伯问孝。子曰："父母唯其疾之忧。"

这是说作为孝子，除保证不生病是不可能的之外，他可以不让父母为任何事担忧。这个回答已经比以前扩大了对于孝的理解。但仔细推敲起来，孔子认为君子成年以后，他在为人处世，成家立业各个方面都要把自己的事处理好，不让父母在这些问题上担心自己。孝敬父母就是如此。樊迟有一次问孔子该怎样"辨惑"时，孔子说，一生气，便把什么都忘记了，甚至包括爹娘，不是糊涂吗？

一朝之忿，忘其身，以及其亲，非惑与？

父母为子女生病而担忧，如果也能免除多好哇！身体生病，不受人的意志支配，不生病的愿望不能如愿。所以，孔子的意思是说，自己努力能处理好的事情，都让父母别挂念，这样才算是孝。父母常为自己担心，不让父母省心，不体谅父母的人就是不孝。

汉朝以后，孝变成了对父母要顺从，说天下没有不对的父母，只有不对的子女，这并不符合孔子的意思。孔子认为，父母犯错误也是可能的。如果父母错了，子女也可以向父母指出，只是语言不要太生硬，态度要婉转，要照顾父母的面子。如果父母接受不了自己的意见，对他们仍然要恭恭敬敬，不顶撞他们。自己虽然在意父母犯的错误，但也不可怨恨父母。

　　子曰："事父母几谏，见志不从，又敬不违，劳而
不怨。"

　　所以孔子的孝与顺不是联系在一起的。"父为子纲"的思想并非
孔子提出的。

　　孔学把孝悌作为为仁之本，认为亲子之情是世间最真挚、最强烈
的情感。孝悌后来已与国家政治有了联系。有人问孔子："你不去从
政，不参与治理国家是为什么呀？"孔子回答说："《尚书》上说过：
实行孝道，孝敬父母，友爱兄弟，政治上也受此种风气影响，就等于
参与了政治，为什么非要做官才算从政？"

　　那孝悌又如何与政治发生关联的呢？孔子及其学生发现孝悌这一
道德品质产生后，由孝敬父母会发展为忠诚国君，个人道德行为就转
变为政治行为。孔子说：

　　其为人也孝梯，而好犯上者，鲜矣；不好犯上，而好作
乱者，未之有也。

　　一个人如果孝敬父母、对兄长尊敬，那么他就不大会顶撞他的上
级。不顶撞上级，就不会推翻上级，这是常情。

　　孝的品质也可以用到政治生活中，让国君也具有这种品质，君臣
共同遵照这一品质要求去治理国家，国家才会稳定。

　　2. 居处恭，执事敬，与人忠

　　有一次，孔子与学生樊迟对话：

　　樊迟问仁。子曰："居处恭，执事敬，与人忠。虽之夷
狄，不可弃也。"

孔子说的三句话是从三个方面回答的，并且与仁的品德相关，是仁德的体现。"居处恭"是说平时就算是一个人在家里，也要保证不违礼，不可随随便便；"执事敬"是说在工作上严肃认真，敬业爱业；"与人忠"是指替别人办事要真诚、尽心。孔子认为这几种品德适用于任何地方，就算是到了边远偏僻的民族中间，同样如此。

孔子此番话同样是有针对性的，其目的是把有不同缺点的学生培养好，指出其努力方向。樊迟在这三个方面看来做得不够，所以孔子在这三个方面重点教育他。

一个人平时在家里为何还要依礼而行？因为道德修养本来就是为了修养人品，使自己更完善。道德修养不是做给别人看的，在人前人后都应是一样的，但是作为一种道德境界、道德要求，孔子提出人人要遵循"居处恭"。既然道德修养是为了自己，那么在一人独处的时候虽无人监督，言行也应该守礼，这就叫做"居处恭"，或者称作"其行己也恭"。这一道德现象在《礼记》中称为"慎独"，可说是"居处恭"的发挥。

"执事敬"是说工作态度方面的问题。"执事"就是要对工作担负起职责。一个人应当怎样对待他所承担的职责、正在从事的工作呢？孔子说的"敬"，就是敬业。敬业就是对待工作要严肃认真。

工作虽不是做人，可能有人会说与做人无关，实际上不是如此。如何工作是一个人的生命、做人的关键部分，也是最有意义的部分。一个人的道德品质必然会反映在工作中的。所以当樊迟问孔子何谓仁的问题时，孔子说"执事敬"是仁的内容之一。

社会评价一个人时，或者说某个人在别人心目中到底是什么样，别人如何看待他，跟这个人平时对待工作的态度密切相关。孔子的弟子司马牛是独生子，没有兄弟姐妹，感到很孤独，很为这事伤心。子夏告诉他，有无兄弟，跟生死一样，这是由老天爷决定的，人力不能改变。但是，品行好的人，可以在自己的努力下，在一定程度上使自己不孤单。他说：

君子敬而无失，与人恭而有礼，四海之内，皆兄弟
也。——君子何患乎无兄弟也？

所以子夏说只要严肃认真地对待工作，责任心强，工作得好，同
时对人有礼，那么他就会人缘好，就不会孤单，大家都会喜欢他的，
待他如兄弟。

孔子常说君子要经常思考九方面的问题，其中之一就是经常要想
一想对工作是否认真、负责了，这叫作"事思敬"。他说：

道千乘之国，敬事而信……
言忠信，行笃敬，虽蛮貊之邦行矣。言不忠信，行不笃
敬，虽州里，行乎哉？

"敬事"就是现在的敬业。"言忠信、行笃敬，虽蛮貊之邦行矣"，
与"居处恭、执事敬、与人忠，虽之夷狄，不可弃也"大意相同。孔
子认为干事情严肃认真、责任心强，才能做好人，走到哪里都能做好
人。如不是这样，那么就算足不出户，也不是一个合格的人。

子路问孔子，君子与平常人有何区别？

子曰："修己以敬"。

孔子说在于"修己"，也就是提高自己。提高自己表现在工作中
就是态度上的严肃负责。这一切的基础是修养好自己。

孔子对如何对待工作的问题上有一个看法：

事君，敬其事而后其食。

这句话是说对待国君以及国君交给的工作，首先考虑的是如何把事情干好，对待工作是不是尽心尽力了，拿多少俸禄、得多少报酬其次才考虑。也就是说工作是第一位的，报酬是第二位的。做好工作才能有资格谈报酬，因为把工作做好是他的分内之事。

孔子讲的看似是臣如何对待君和君交给的工作，不是讲国家与公民之间的关系，但是孔子提到尽职与获得报酬并非买卖关系，尽到职责比获得报酬重要。从孔子的思考方式考虑问题，对待国家交给自己的工作，把为国家尽职尽责看得高于报酬，不把获得报酬列为第一位，不把报酬与尽本分作为买卖关系看待。孔子提出的"敬其事而后其食"的工作态度，道德价值极高，具有高度的责任感与事业心的人才能做到。后来，宋代范仲淹写道的"居庙堂之高，则忧其民；处江湖之远，则忧其君"中体现的精神也是如此。

"与人忠"是谈论与朋友交往的问题。"与人"是与他人交往，"忠"是为朋友的事尽心竭力。与人交往与处理人际关系是一回事。与人交往不仅恭敬有礼，还要守信诚恳，为人办事要实在、真诚。能做到这一点的人，无论到何时、何地都能畅通无阻。

"居处恭，执事敬，与人忠"是难得的好品德。

3. 与人为善

在思想学说方面，孔子最大的贡献就是开创了以"仁"为基准的道德学说。在实际内容上，仁就是要爱人。爱人的人，心地一定是善良的。孔子自己就做到了他首创并宣传的道德学说，证明他是一个善良的人。

孔子的同情心多于常人，看到别人失去了亲人，他与人家一样难过。他对待亡者家人一切依礼，与失去了亲属的人一起吃饭时，从来不大口吃，从来不吃饱。穿孝服的人和盲人即便很年轻，孔子也一定要起身致意，用肢体语言表示对他们的尊重。

乐师在当时都是盲人。孔子热爱音乐，与乐师常打交道。所以他对乐师周到细心，尽心尽力地照顾他们。遇到上下台阶的时候，孔子会告诉乐师，到台阶跟前了，要上台阶或下台阶了；到了座位旁，他会跟乐师说，到座位跟前了，该坐下了；乐师等人坐好了，孔子把在坐的人向乐师逐个介绍。后来，孔子弟子也从老师那里学到如何对待乐师。

孔子有的朋友是孤身一个，无所依靠。其中有些人连料理后事的人都没有。孔子遇到这样的丧事就承办下来，给这些死去的朋友料理后事，用自己的爱心让他们在人生最后一步感受到温暖。

孔子如此心善，与他在青少年时代生活困苦不无关系。他在贫穷中长大，体验着生活的艰难，了解穷人的痛苦。他的母亲带领着他和孟皮生活，一定得到过好心人的帮助，他愿意用此种方式回报恩人。孔子"仁"的思想的形成，与他青少年时代的困苦生活密切相关。他在有了社会地位之后，仍尽己所能地多帮助穷人们。他的学生原思家境贫寒，孔子让原思给自己家当总管，他付给原思900粟的薪水。原思认为太多了。孔子说，你用不了就分给你周围的穷人。

孔子为人友好、真诚。他说，道德修养好的人，要成人之美，不能有意使别人陷入困境。当时大家都认为互乡这个地方的人难打交道。有一次，互乡的一个小孩要见孔子，孔子就让他进来了。他的弟子们都不理解此举。孔子说：

> 与其进也，不与其退也，唯何甚？人洁己以进，与其洁也，不保其往也。

孔子说，我们有义务帮助他进步，不能看着他退步。不接见他就是拒绝履行义务。人家干干净净、衣装整洁的来见你，我们就要看见他的诚意，而不能把他的过去总记在心里。

有意造谣、传播别人缺点的人和靠揭发别人的隐私冒充直率的人最为孔子厌恶。一些诸侯国国君、大夫都听见过孔子给自己提出意

见，但是这些话都是说在当面，都是孔子真实的认识，见解。不论他们接受与否，他们都知道这是孔子出于善心，是为了帮助当政者改进政治的行为。孔子想将当政者的威信提高、地位巩固，行道救世，这与攻人之恶是截然相反的。

孔子对人宽厚。他提倡人与人之间交流、沟通。他认为君子对于不了解自己、不明白事情原委的人，要采取宽恕态度。孔子说：

> 人不知而不愠，不亦君子乎！

"愠"是怨恨。人家不了解我，我不怨恨人家，要宽容。

孔子认为人都应该宽容别人，严格要求自己。这样人与人之间就少了许多怨恨。他的学说是使人与人的关系融洽的学说。

4. 以文会友，以友辅仁

> 有朋自远方来，不亦乐乎？

《论语》开篇就这么说，可见孔子把交友看得非常重要。

人生活在社会中，不仅要有亲人，而且还会有一些朋友。在古代，朋友关系是五伦中的一伦，可见中国人对朋友非常重视。

朋友关系不同于父子关系、夫妻关系、上下级关系。孔子提倡的仁德是爱人，但是爱人的人是有区别的，并不是所有人都能享受到同样的感情。亲子之间有血缘的联系，这种亲子之爱最真挚、最强烈，不容置换；次一等的夫妻关系，亦是亲情，虽无血缘联系但特别重要；上下级关系只是从属关系，靠理智来维系，无感情，存在利益关系，"君使臣以礼，臣事君以忠"；而朋友关系是平等的关系，比冷漠的上下级关系温暖多了，不是谁服从谁。

> 与朋友交，言而有信。

可见，孔子重"信"，曾子在每日三省自身时，也注重自己有否守信，信是重要的内容。在朋友之间，若是不守诺言就会无信，就难成为朋友。

曾子就朋友间交往说：

以文会友，以友辅仁。

"以文会友"有带着自己的文章去会见朋友的意思，但是不局限在带着文章会友。"以文会友"可以说是交流思想，是朋友之间的最高层次的沟通。朋友之间没有年龄限制上的约束，不分长幼，也不分上下级，可以平等地讨论、交流，同父母、子女、妻子、丈夫、上级、下级、同事不能说的可以在朋友面前说出来。与朋友在一起，让他们给自己出主意，帮自己分析或者纯粹是宣泄郁闷都可以。这就是知心朋友的作用。正是因为朋友之间有这些方便之处，有好于别种关系的地方，所以朋友之间诚实守信、遵守诺言格外重要。

"以友辅仁"是通过朋友帮助，把自己的仁德提高。君子相交，聚会时可能切磋学问，可能议论天下之事，总之是相互启发，相互促进。孔子说，朋友间相互批评，和睦相处，这就能算好朋友了。曾子说的"以友辅仁"，正是通过这种相互批评实现的。

对交友的方法，孔子也有高见。他说：

无友不如己者。

这是说不要和学问、德才不如自己的人交朋友。

历史上，有不少人对孔子此话保持怀疑。不过，孔子此话主要是对少年、青年人讲的，他们自我约束能力差，环境会改变他们，所以朋友一定要挑品德等各方面好于自己的。成年人思想已经成熟，善恶、美丑可以辨别，自我控制能力较强，和那些品德、学识比自己差

的人交朋友，不良后果小。孔子的忠告适用于未成年人，但谈到成年人交友，孔子仍说交友要有所选择，应当与有仁德的人交朋友：

> 工欲善其事，必先利其器。居是邦也，事其大夫之贤者，友其士之仁者。

"友其士之仁者"就是与那些有仁德的士交友。

在孔子眼中，朋友分"益友""损友"两种。益友当然是对自己有帮助的朋友，损友是对自己有退步作用的朋友。他说：

> 益者三友，损者三友。友直，友谅，友多闻，益矣。友便辟，友善柔，友便佞，损矣。

"直"是正直，"谅"是诚实，"多闻"是见多识广。交朋友选择这三种人当然是有益的。而后三种人是极尽毁谤之能事、说假话的人，与这三种人交朋友害处多多。孔子所指出的"益者三友，损者三友"，至今仍是许多人奉行的。

在孔门弟子中，对此也有不同的理解。《论语》载：

> 子夏之门人问交于子张。子张曰："子夏云何?"对曰："子夏曰：可者与之，其不可者拒之。"子张曰："异乎吾所闻：君子尊贤而容众，嘉善而矜不能。我之大贤与，与人何所不容? 我之不贤与，人将拒我，如之何其拒人也?"

子夏的学生与孔子的学生子张讨论交友问题。子夏的学生问子张，子张反问这个学生说，子夏是怎么说的。子夏的学生说：子夏说交友要选可交之人，不可交的人则不与他交往。子张不同意这个观点，他说他从孔子那里听到的不是这样的，孔子说可以与那些不如自己的人交往。君子应当接纳素质差的人，与他们相交往。

他们两个人的观点，都有正确之处，只是理解的角度不同。子夏所坚持的"无友不如己者"，适用未成年人。子张讲的是要帮助不如己者。

孔子对同一个问题的回答，往往是因为问的人不同而不尽相同。所以，子夏、子张观点不同是能理解的。

5. 如有王者，必世而后仁

"如有王者，必世而后仁"是说政治实用性。君王是君子之才，会在不太长的时间内实现仁，也就是能够"为政以德"，施行德政。自周公以来，周人强调"敬德保民"，孔子要求的德政是由此衍变来的，也是仁在政治上起的作用。反战、重民、怀柔政策、贤人执政都是体现。

反战就是诸侯间不应攻伐，睦邻友好关系要大力提倡，制止非义战。"九合诸侯，不以兵车"的做法，孔子极力赞成并认为管仲辅佐齐桓公，在多次盟会诸侯时，不用武力就使天下安定，符合仁德。

重民就是注重民事，关心百姓。孔子说："所重民：食、丧、祭。"孔子认为衣食问题是第一重要的，只有人民生活得好，丧事和祭祀活动才有条件办好。所以，政府必须轻徭薄赋，节约开支，让百姓富裕。孔子重民其实包含重视国人政治权利的意思。在古代，百姓有干预国家政治的权利。国人会议可以决定国家大事，春秋时也是如此。当时，国人心不齐影响政局的事常发生。保护国人议政的权利，孔子认为是为仁所必需。郑大夫子产不毁乡校就是一例。

怀柔政策是指反对严刑和用武力解决政治纠纷，要从政柔和。德化礼教对于百姓比高压政策重要，以德引导、整顿民众能使人心归服，比用刑罚政令能收服人心。泰伯让位其弟，孔子很欣赏，并说："泰伯道德最崇高啊！还有谁能把王位一次次让给兄弟啊，人民不知如何表达自己的感受啦。如果人们全能按照泰伯的方式理政，就可以

避免内部争斗。"

贤人即是任人唯贤。担任国家公职的人，不论其世族门第，而论是否有才德，这是君王仁德与否的判断之一，但这是孔子的愿望而已。鲁大夫臧文仲不重用贤士柳下惠，孔子说他"不仁"。贵族子弟官禄是世袭的，他们一出生就有继承官禄的资格，后来学不学礼乐都可以；与此相反，普通人要想从政，则必须努力学习、具备德才才有可能在仕途上试验一下。孔子为此说，先研习礼乐文化后做官的出身微贱，是"野人"，后掌握礼乐文化先获官禄的是出身高贵的"君子"，选拔人才，要多考虑"野人"。春秋时代还是封闭、传统的，孔子这一主张在官制方面打破传统政治的体制，意义重大。

孔子认为，如果当权者实行德政，人们拥戴他，像群星围绕北斗星。实行德政是最大的仁，人民最需要的就是仁。

四、礼与仁的融合

1. 己所不欲，勿施于人

怎样才能处理好人己关系是孔子学说的主要目的，因为他的学说是围绕人己关系的学说。孔子之学也可以说是人己关系学。

孔子认为学礼就是为了学会做人。人依据礼处理与社会、与他人的关系，方式得当，处理正确，就能在社会上站住脚。

礼是存于外界的同时又是内部存在的客观准则，是约束人的行为的。当这种客观的准则未成为人对自我的要求时，礼只能是一种强行的力量，人被迫地照着礼的要求去做。但当这种强制力一旦消失或者是放松，礼就失去了效力，或者成了一个形式。正因为如此，孔子问道：

> 人而不仁，如礼何？人而不仁，如乐何？

这是说人的内心不真正仁德的话，他会如何对待礼乐。所以孔子在强调"立于礼"的同时，还强调人的内在情感，要求人善良，这就是仁德。

孔子对仁的认识很深刻，但他在不同的场合、面对不同的人，解释仁却不一样。仁的基本精神是爱别人。这表现在很多方面，其中有最基本的体现，比如你自己不想要的、你自己厌烦、你自己不赞成的行为等，就不要强加于人。

> 子贡问曰："有一言而可以终身行之者乎？"子曰："其恕乎？己所不欲，勿施于人。"

这是子贡在问孔子，孔子的学说中，有没有可以终身奉行的一句格言？孔子认为有，那就是"己所不欲，勿施于人"，并把它叫作恕道。譬如，你不愿意被别人欺骗，那么你就不要欺骗别人；你不愿意别人陷害自己，那么自己就不要陷害别人。孔子把"己所不欲，勿施于人"视为做人的一个基本准则。按照这样的准则处理人己关系，自然要友好得多。

做为一种思想方法，"己所不欲，勿施于人"是以己度人，推己及人。这就是说承认别人与自己有相同的价值，有相同的判断。做到这一点一定要把别人当作自己来对待，自己有思想，别人也一样有思想；自己爱自己，别人也爱他自己；自己渴望有人关心，别人也渴望。所以，每个人在爱自己的同时，也应当爱别人；自己尊敬别人，别人也尊重你。这就是"己所不欲，勿施于人"。

孔子是第一个公开说要平等待人的人。虽然这种思想没有阶级观

点，不能区分不同职务的人的欲求，但他指出在心理范畴内，很多人有共同点。几千年来，孔子的思想都起着巨大的作用，而且打破民族、地域的疆界。

"己所不欲，勿施于人"就是仁德、人性，如果一个人非要倒行逆施，那么他就是不仁。"不学礼，无以立"的着眼点是每个人必须用礼约束自己的行为，每个人在社会中都受社会准则的制约。"礼自外作"正是说这一点的，礼是从外面指向人心的。而当他讲"己所不欲，勿施于人"是每个人都要遵循一生的行为准则的时候，着眼点是人内心的感受。人有主动性，人应当按照自己的意图去爱别人、关心别人，自由地与他人交往。这就要求人自觉地约束自己。到了这个阶段，礼成了个人的自我要求，此时的礼就不再是形式上的了。

孔子把"己所不欲，勿施于人"称为"恕"，而在"恕"之上，还有"忠"，那是一个高尚的人生境界，孔子说：

> 夫仁者，己欲立而立人，己欲达而达人。能近取譬，可谓仁之方也已。

这句话是说一个人独自在社会上站住脚后，要使别人也在社会上站得住；自己通达、顺利的同时，别忘了让别人也通达、顺利。把身边的事情做好，就是在接近仁德。

"己欲立而立人，己欲达而达人"同样是爱别人，但是其意义更进一层。"己所不欲，勿施于人"是不为；而"己欲立而立人，己欲达而达人"是有为，慷慨地尽力为之。曾子的"吾日三省吾身"就是"为人尽己"的境界。

关于贯穿孔子学说始终的基本精神，孔子与曾子也讨论过。

> 子曰："参乎！吾道一以贯之。"曾子曰："唯。"子出，门人问曰："何谓也？"曾子曰："夫子之道，忠、恕而

已矣。"

　　曾子走出孔子的房间，孔子的其他弟子问他，老师对你讲了些什么？曾参说："我们老师的学说有一个贯穿始终的基本精神——忠恕。"后人因此把孔子学说称为忠恕之道。

　　"己所不欲，勿施于人"与"己欲立而立人，己欲达而达人"是孔子论做人的两个最重要的标准。

2. 人而不仁，如礼何

　　仁对礼起决定性作用。仁自礼出，但仁从孔子开始已作为基本理论原则来影响礼、改造礼。他后来同门生谈话时，还强调："仁者，制礼者也。"这时的礼，产生了新的变化。

　　孔子论仁之后，压在礼的烦琐形式下的亲亲之义浮出水面，打破血缘关系的狭隘局限，演化为博爱的仁。

　　因为仁的影响，礼的尊尊之义也温和了。孔子对管仲的前后评价就能验证这一点。管仲在一两件不太重要的事情上违礼，孔子批评说："管氏而知礼，孰不知礼？"后来，当他确立仁的思想理论，就改变了对管仲的看法。有一次，子路说："齐桓公把兄长公子纠杀了，召忽为此自杀，管仲却活着，这是不仁吧？"孔子说："齐桓公多次不用武力主持诸侯盟会，全是管仲的功劳。这就是仁。"子贡也问孔子这一问题。孔子说："管仲辅佐齐桓公，齐桓公才能称霸天下，人民至今还享受着太平。没有管仲，侵扰中原的野蛮人就杀进来了。难道要他像平常妇女一样，丈夫死了，就在山沟里上吊吗？"孔子因管仲有仁德，所以不计较他背弃旧主、改事新君的违礼举动，与以前强烈谴责管仲违礼相比，对照鲜明。这种变化就是孔子由礼到仁的思想演进。在大仁大德面前，礼显得次要了。同这种思想演进相联系，孔子后来的一系列言论中，对礼之尊尊所规定的尊君之义采取保留态度。他虽然尊君，但提出要不违"道"。他说："所谓大臣者，以道事君，不可则止。"事君要先守"道"。"道"是最高原则，也就是仁、仁道。孔子说："君使臣以礼，臣事君以忠。"忠君的前提是礼臣。所谓礼臣，包括敬贤、纳谏等内容，要符合仁。尊君但不盲目遵从、相信君王。孔子提倡的事君之道就是如此。他曾经把这一原则归纳为两句话："勿欺也，而犯之。"

周朝在祭神活动和祭神的原始巫术中产生的礼，同夏礼、殷礼相比，周礼保存了大量祭神祀鬼的习俗。对绝大多数人来说，虽知道周礼遵守道德，但也知道周礼存在神鬼迷信。孔子把仁作为礼的思想基础，而仁又成为一种强烈的道德意识，礼论从周人开创之初发展为理性的思考，又从对神灵的崇拜转变为对伦理情感的追求。

由于强调伦理情感的实在性，礼就不局限于礼节礼仪。关于这一点，孔子不止一次地说过：

> 礼，与其奢也，宁俭；丧，与其易也，宁戚。
>
> 丧礼，与其哀不足而礼有余也，不若礼不足而哀有余也；祭礼，与其敬不足而礼有余也，不若礼不足而敬有余也。

有一次，子路说起他家境贫寒，父母活着时没条件好好孝顺；父母死后，又没有好好安葬。孔子对他说，虽是吃豆粥、喝清水，但老人家快乐，这就是孝；父母死后，用衣衾把他们包裹起来后就下葬，但这样做是经济状况决定的，就算是礼。总之，礼是孝敬，至于礼仪方面的某些具体规定也要看具体情况。这样做，无疑会促进礼的普及。

孔子因礼得仁又引仁入礼，为礼的内容和形式带来深刻变化。殷礼是从夏礼上发展来的，有继承有流失，周礼又从殷礼上发展，同样有继承有改变，后世继周之礼为什么不可以有损有益呢？

3. 克己复礼为仁

克己复礼为仁是着重讲礼对仁的作用，他既讲仁对礼的作用，又不忘礼对仁的作用。

　　颜回问仁，孔子回答说："克己复礼为仁，做到这一点了，天下人都会称赞你是仁者。"颜回问该怎样做，孔子说："非礼勿视，非礼勿听，非礼勿言，非礼勿动。"

　　"克己复礼为仁"不是孔子首创，是取之于成语"克己复礼，仁也。"孔子批评楚灵王时用了这句成语。楚灵王逞强好胜，称霸一时，后因狂傲无礼，侵扰他国，众叛亲离，在乾谿受辱。孔子知道后说："古也有志：'克己复礼，仁也。'信善哉！楚灵王若能如是，岂其辱于乾谿？"孔子说如果楚灵王克己复礼，那就不会有这样的结局。在此，孔子指责楚王违礼，而不是那些反叛楚王的臣民。这说明孔子要求"复礼"之礼，不因为君王位高而失去效力，孔子提倡的道已高于君。显然，这种礼就是刚才提到的后世继周之礼，经过仁损益之礼。具有仁德精神的礼，能限制以至克服损人利己的想法和行为，提高人们的道德素质，实现以爱人为标准的仁的目的。因此，回答颜回时，孔子肯定地说："克己复礼为仁。"为仁，就是做到仁、实现仁。一个人能够按社会规范约束自己，那就是仁。

　　孔子还以政治生活为例谈论礼对仁的作用："为政者的才智可以管理民众，如果为政者不仁德，得到民众后也会失去；才智治民再守之以仁，如果在人们面前不尊礼仪，也不会受到民众敬畏；相反，才智能治民，又能守之以仁、遵守礼仪，如果不用礼动员民众，那也有欠缺。"这是孔子就如何巩固政权的言论。就这个问题来说，仁起主导作用，礼仪起促进作用。因此，礼对仁起辅导作用。

　　孔子强调礼对仁的作用，是因为仁可以将自己的价值体现出来。而这又是通过礼所反映的。从这一点来说，仁要通过礼实现。所以孔子倡导仁时，始终坚持礼，坚持用仁的精神整治礼。

　　春秋时期社会动荡，生产力的不断发展、扩大，逐步摆脱氏族体制的束缚后，人们开始思考自我存在的人生意义和社会价值。孔子的仁论和以仁为思想基础的礼论就是最著名的。他试图用仁损益周礼，

符合新时代的步伐。这种理论从人情伦理方面出发，从新的起点上开辟了一个前所未有的人类道德精神的领域，人们把对神的求索的精力放在了解自己上，为独特的中国传统文化探索了先路。这在中国思想文化发展史上具有无可替代的意义。孔子这种理论以当时所具有的巨大魅力吸引着远近门生并使他名播全国。孔子也因此坚定了信念。但他的理论在整治社会时，显得过于迂腐，当权者不相信道德力量会如此之大。再者，社会内部的机制该如何运作，孔子理论中没有提到，所以孔子在实际生活中遭受到冷落。

五、天命神鬼观

孔子称自己"五十而知天命"，所以知天命是他思想上的重要收获。

在孔子以前，人们对天命的认识刚刚达到由天神崇拜向理性探讨转变。

"天命"一词从殷人的"帝令"而来。"帝令"是殷墟卜辞，帝，以后意为"上帝""天"。令，是命。古无"命"字，令就有"命"之意。古代人相信神王帝灵，认为他们是世界的王，天命即其意志的显现，占卜吉凶让天意神示所有想问的事。殷末纣王面临全国人民的众叛亲离时，说："呜呼！我生不有命在天？"大祸临头还奇怪受天之命的王权竟会失去。

后来周人提出"天命靡常""唯德是辅"，认为天的保佑有变数。西周末年这种思想倾向让人们对天的信仰松动了，"昊天不忠""其命多辟"一类的话增多，怀疑天神的现象开始普遍。

春秋时，天命神鬼观念由于生产力的发展，天象和其他自然现象人们已掌握并可以解释，人在生产领域和社会发展中的价值体现出来，人的力量才是左右世界的，从而影响了天帝神鬼在他们心目中的地位。人们发现：

> 夫民，神之主也，是以圣人先成民而后致力于神。
> 国将兴，听于民；将亡，听于神。
> 阴阳之事，非吉凶所之地，吉凶由人。
> 天道远，人道迩。

这是在议论神与人的力量，通过降低神的地位与作用表现漠视神鬼的初级思想。这是中国古代无神论的早期形态。其中，天道这个概念与现在不同，它有时同作为人格神的天、天命同意，有时包括自然现象，如天体的运行规律等；有时自然现象及其发展规律也用天道表示，但更多的时候，天道有一些天人相应的神秘色彩。"天道"一词含义的不确定是萌芽期的古代哲学从宗教神学中分离时不可避免的现象，所以"天道"概念模糊。郑子产说"天道远，人道迩"，试图打破天人相应的传统观念，所以提出了天人相分。与子产同时代的老子提出"天道自然"，认为天地无所爱，让万物自然生长，就是把天作为人格神的主宰地位否定掉。这些对后来孔子的天命观起了积极作用。

孔子通晓天文历法，强调人为，倡导仁学，对子产、老子也很敬重。他的天命观有时代的印记。一次，他说：

> 天何言哉？四时行焉，百物生焉。

这是说天不发令，四时、百物生长照旧，与天无关。这同老子的"天地不仁，以万物为刍狗"是同一理论，所以这当然不是"天命"，天帝意志的显现怎能是如此的？正是从这个意义上，孔子对《诗经·

大雅·蒸民》中的"有物有则"一语发表见解道：

> 《诗》曰："天生蒸民，有物有则。民之秉彝，好是懿
> 德。"孔子曰："为此诗者，其知道乎！故有物必有则，民之
> 秉彝也，故好是懿德。"

春秋时期，有一种流行的理解典籍的方法，那就是断章取义。所以，孔子作为当时的人，也没能遵照原文。他论及此诗首章时，只取前半并对前半的首句"天生蒸民"不理其意，突出强调的是"有物必有则"。则是法则，即下句"民之秉彝"的"彝"，也就是常道、天道。人们守礼懂礼，道德优良。这一点明白后，也就是"知道"。经孔子一评价，原诗中天是世界主宰的本意大大淡化了。孔子这种断章取义再评论的态度，同当时的无神论倾向是合拍的。所谓"知天命"，包括对天之常道即宇宙法则或宇宙规律的认证。

孔子在《论语》中提到"命"有四处。分别是："命矣夫，斯人也而有斯疾也""死生有命""道之将行也与，命也；道之将废也与，命也""公伯寮其如命何"，三处所说的"命"是与天命相近的概念，类似于现在的词"命运"。第四处的"命"就是"天命"。在实际生活中，常有人力办不到的事发生，人们往往又想快些达成某种目的。所以决定成败得失的内在必然性，是由偶然性因素体现的。孔子称之为"命"，是一种不知如何把握的制约。

孔子的一生都在追求道德和政治理想。他说的"知天命"，还包括对常道的实践及承担后果。他说："民之秉彝也，故好是懿德"即有此义。孔子还以此为荣。在他看来，他提倡力行仁德，振兴弘扬优秀传统文化，并追求政治理想，就是对天之常道的实践及承担后果，并且一生坚守不渝。

空怀政治抱负、无处实现宏愿的孔子，当时一定是很慷慨、悲壮的。

孔子的天命观，在无神论倾向方面，表现为非宗教的敬天知命的世界观；在社会功利性方面，表现为济世的人生观。"五十而知天命"是在这时确立的。所以，他才有不久以后仕鲁和游历列国之举。

与当时无神论思潮一样，孔子天命观的非宗教性倾向很明显。这就是在帮助后世探索天命、天道。孔子匡世济民的使命感，影响了一批又一批的有志之士，以至决定了整个中华民族的优秀品格。孔子的无神论思想尽管出色，但是不彻底。孔子没有正面否定上天的存在，只是怀疑多于相信。他对天、天命所作的理性思考以及对"命"的感受比较模糊，而且表达时带有神秘主义色彩。所以他的天命观是受殷周天命观的影响的。

如果说超自然体的影响存在于孔子有自然主义色彩的天命观中的话，那么这种影响在孔子关于鬼神问题的看法中则十分淡薄。他说：

敬鬼神而远之，可谓知矣。

这是孔子对待鬼神问题的基本态度。敬，并非尊敬，而是祭祀的严肃性；远，疏远，是说将人事吉凶同鬼神一起理解求其保护是不对的，他认为鬼神存在与否没有办法证明，所以保持这种态度是明智的。因此，他拒绝谈鬼神。学生们问他，他也回避。有一次，子路问如何对待鬼神，孔子回答说："人还没服侍好，怎么能服侍鬼？"子路又问："人为什么会死？"孔子说："生的道理还未弄明白，怎么能知道死？"后来子贡请教孔子时，孔子也这么说。子贡问："人死以后还有知觉吗？"当时科学还未进入萌芽状态，孔子又不想说错的答案，所以说："我如果说死人有知觉，恐怕会使孝子贤孙为死去的父母过度操心影响生活；如果说死而无知，我又担心不孝子孙把死者弃之荒野，不去安葬。你想知道人死有知还是无知，那只能等你死去时才知道，还不算晚。"

孔子关心人事、看重道德，所以孔子对一切玄想和宗教信仰不作

过多的触及。在他看来，人们对鬼神的敬畏如果不是出于对神秘世界的憧憬，而是满足心理需求，那么不如把它放弃。鬼神不存在，也可以在想象中让他们存在。这样是为了达到死者与生者、历史与现实的统一。这就是孔子不相信鬼神而又尚礼重祭的复杂心态。

六、孔子论君子

从京师洛邑访问归来以后，才三十五岁的孔子就成了名人，向他求学的人开始增多，直至他五十一岁仕鲁前，他的私人学校在这十六年间发展规模十分壮大。颜回、冉雍、冉有、宰我、子贡等等有名的学生，都可能是这个时期招收的学生。孔子招生"有教无类"，故招生对象绝大多数都是贫苦的平民子弟。《诗》《书》、礼、乐是他开设的主要文化课。在孔子招收的学生中，抱着"干禄"而来的，也就是为了谋取官禄的目的来学习的大有人在，孔子希望他们日后在有条件的时候担任国家公职。孔子把学生培养成什么样的人才是真正可以服务于社会的呢？他究竟是按什么标准去培养人、塑造人的呢？因此，孔子教育学生时常用"圣人""君子""成人""志士"等人格概念，而"君子"是他说得最多的，仅《论语》一书言及"君子"处就有一百零七次。君子是孔子用来培养学生、要求自己的人格标准。

在孔子以前的文献《尚书》《诗经》中就提到了君子这一概念，其最初的含义是指大夫以上的当权贵族。在古代，君不仅指国君，卿、大夫也可称君；子，是男子的尊称。君子与"官长""官大人"意思相同，所以，君子地位高贵。称他们为君子，是对其身份、教养和服饰仪表的夸奖。西周厉、幽以来，氏族贵族衰落，君子专指权贵的属性渐弱，而变为一种美称的语义特征，这种含义后来保留下来，用来称呼亲密的人和受尊敬的人。这种涵义上的变化为日后孔子确立君子在人们心目中的地位，提供了基础。那么与"君子"相对的人格概念则为"小人"。春秋以前，"小人"即小民，指普通民众，也是对自己的谦称。春秋时，"小人"变为劣性恶行、道德差的人。孔子论君子时，把"小人"作为"君子"的反向人格，纳入自己的君子人格论中。

孔子提倡、宣传君子人格，指引人们向君子看齐。他认为，君子是人生追求的一种境界，是社会良好风尚中起主导作用的一支力量，是社会道德的代言人。孔子论君子人格极为详细，他引导人们追求君子人格的力量，在中国历史上，影响深远。

1. 君子去仁，恶乎成名

仁是孔子道德学说的核心，仁的主旨是爱人。爱人首先要做到疼爱、关爱自己的亲人。这样，爱别人、关心别人，与人为善才会成为可能。"己所不欲，勿施于人"和"己欲立而立人，己欲达而达人"都是仁的基本要求。君子必须具有仁的道德情感，没有仁德就不是君子。

"仁"之所以是一种道德情感，是因为具有仁德的人，他会自觉地按照仁的要求约束自己，办事时事事做到仁。这样，他内心便安稳、踏实；相反他的内心就不踏实，要受到自己对自己的惩罚与谴责。孔子把这种道德心理现象叫作：

仁者安仁。

所以有"仁"之人做好事是一定的，不用说做坏事，他们好事没做成也会于心不忍。具有仁德的人之所以是君子，是因为他们能临大节而不可夺其志，能见利思义、居安思危、以天下为己任。曾子说，士、君子是以在天下实现仁德为使命的。实现仁德对于君子，比生命

还重要，为了实现仁德，他可以牺牲自己的生命。孔子说：

> 志士仁人，无求生以害仁，有杀身以成仁。

就算自己的生命失去了，也要保证仁德完整。可以说，仁德就是君子的生命。

孔子赞成重义轻利，反对不惜代价追求富贵。对于追求好的名声，孔子却认为可以不惜代价去追求。他曾说过：

> 君子疾没世而名不称焉。

这是说君子如果在自己要死去的时候，还没有赢得君子这一评价，那他会死不瞑目。孔子所提出的"君子"这个概念，看来是对好名声的人的称谓。只有那些具有良好品德的人，才能被称为君子。君子理所当然要具有仁德。君子也是有普通欲望的，所以君子当然也可以追求富贵，但君子爱财取之有道，否则就是违背了仁德，背离了仁德就不能成为君子。他说：

> 君子去仁，恶乎成名？君子无终食之间违仁，造次必于是，颠沛必于是。

"去仁"是指离开仁德；"恶乎成名"即怎样成名呢？离开仁德就不能成为君子，所以孔子认为君子何时何地都要保持仁德，生与仁德为伴，艰难困苦、饥寒交困都不能背离仁德。

注重仁德，终生做到仁德，并为在天下实现仁德而奋斗终生，必要时可以牺牲自己的生命，这才是真正的仁德，真正的君子。

2. 君子欲讷于言而敏于行

这句话，孔子反复跟门生谈起。

"讷"在此是迟钝的意思。"讷于言"是由迟钝而导致的慎重、谨慎。所谓"讷于言",就是说话要慎重、妥当,言辞得体。所以"讷于言"也可以写作"慎于言"。

"敏"是勤快的意思,"行"是实际行动。所以"敏于行"也称"敏于事"。"敏于行"是说做事要勤快。整句话的意思是少说多做,不要夸海口,要脚踏实地、认认真真地干实事。

孔子认为做人应当"讷于言而敏于行",在《论语》中能看出他之所以这么说是出于多方面的考虑。

孔子最反对花言巧语。"讷于言"的另一面就是花言巧语。孔子对内心的真实情感极为看重。他认为花言巧语是虚情假意的表现,能够败坏道德。他说:

> 巧言乱德。
> 巧言令色,鲜矣仁!

"巧言令色"就是花言巧语,假意骗人。孔子认为,真实的情感是埋在内心深处的,为人朴实、说话中肯,不故作姿态的人才有仁德。

另外,孔子比较喜欢行动多于言辞的人。孔子的哲学就是实践哲学、行动哲学。道德好与坏都离不开行,言行不一的人就没有道德。对此,孔子认为人们的言和行并不总是一致的,言和行有时是会相背离的。他说:

> 有德者必有言,有言者不必有德。

这是说有道德的人一定会说出代表他真情实感的有见解的言语,但不代表言辞丰富的人就是出自于内心的真实情感,一定会照着他自己的话去做。所以孔子注重做为而不注重言谈。因为言行一致与否在于两可之间。他看到他的学生宰予白天睡大觉,并就这件事对应当如

何认识人，说：

> 始，吾于人也，听其言而信其行；今，吾于人也，听其
> 言而观其行。

言行不一致大有存在的可能，不能仅仅凭一些人会说话就举荐、提拔他。

> 子曰："君子不以言举人，不以人废言。"

他认为有道德的人应是先做后说。如果你做不到就不要说，否则就是很羞耻的事。他说：

> 古者言之不出，耻躬之不逮也。

"躬"为躬行之意，是亲自去做；"逮"是达到之意。"耻躬之不逮"是自己的行动远远落在言语后面，深以为耻。

孔子说君子说话时，措辞要十分严谨，每个词都要明白其意；并且要考虑自己说出来的话，是否能做到。他说：

> 君子名之必可言也，言之必可行也。君子于其言，无所
> 苟而已矣。

"无所苟"就是要认真，不马马虎虎。这是因为君子要考虑这样说是否能做到。孔子认为"行"应该放在第一位考虑。

除此之外，孔子认为慎于言可以避免失礼和灾祸。孔子提倡人少说多做，并说"慎于言""讷于言"，就是有意识地控制自己的谈论。对此孔子没有说清楚为何一定要如此，"非礼勿言"一句似乎还不够

明确。所谓"非礼勿言"，是说不合礼的话不说。此外，关于说话看对象与时机的问题，孔子也有高见。他有一个"失人"与"失言"的说法，就是说你有话要对人说的时候，要选择对象。可以对这个人说，而且这个人是最合适的人，你却没有说，这就是错过了机会，失去一个可以交谈的时机，这叫作"失人"；同这个人不宜说的话都说了，这是选错了诉说对象，这叫作"失言"。"失人"与"失言"都是不明智的做法。

> 子曰："可与言而不与之言，失人；不可与言而与之言，失言。知者不失人，亦不失言。"

在君子面前说话有三种错误最容易犯，孔子一一指出来：没有轮到你说话的时候，你就插话进来，这是急躁；该你说话时却不说，是隐瞒自己的观点；不看当时的场合、不顾别人的看法贸然说一些不该说的话，这叫作没有眼色。

> 孔子曰："侍于君子有三愆：言未及之而言谓之躁，言及之而不言谓之隐，未见颜色而言谓之瞽。"

这都是纳于"慎于言"的范畴。

孔子认为"慎于言"可以防止因说话不谨慎而招致灾祸。可能孔子自己因说话不谨慎吃过不少苦头，所以把"慎于言"当作经验传授给别人。孔子说：

> 邦有道，危言危行；邦无道，危行言孙。

这句话是说政治清明时，说话要正直，行为也要正直；而政治黑暗时，行为要正直，说话就不能只为了正直，而是要小心些。政治黑

暗时，说话不谨慎能招灾。

有渊博学识的孔子，思考的问题很多而且全面，他思考得很深的问题也不见得说。所以他主张"慎于言"。到洛邑求教老子时，老子对他讲的临别赠言，孔子接受了，并且在日后反复对别人讲要"讷于言而敏于行"。

3. 君子喻于义

在孔子的言论中，君子绝大部分是代表知识分子。作为知识分子的君子，在品格上有许多不同于小人。他们对物质生活、物质利益、精神生活、精神追求的不同看法就是他们的区别之一。《论语》中有多处涉及到这一问题。

> 子曰："君子怀德，小人怀土；君子怀刑，小人怀惠。"

"怀"的意思是关心、注重，心里总是想着它。"德"是德性，"刑"是国家法度；"土"是土地，"惠"是恩惠、经济利益。这句话是说君子所关注的是自己的道德、整个社会的道德风气，而小人只对自己的物质利益感兴趣。

> 君子食无求饱，居无求安，敏于事而慎于言，就有道而正焉，可谓好学也已。
> 士志于道，而耻恶衣恶食者，未足与议也。
> 君子谋道不谋食……君子忧道不忧贫。

这几段话同样是说君子不应当把物质生活的舒适、物质利益的获得、物质享受等看得比人格、学问重要。如果立志要追求真善美，那就不应追求太高的物质生活。

《论语·子罕》中还有这样一段记载：

子欲居九夷。或曰："陋，如之何？"子曰："君子居之，何陋之有？"

"九夷"是统称经济文化落后的地区。孔子志向不能得以实现，长期不被任用，所以产生去边远地区居住的想法。有人说，那种地方太简陋了，去干什么呢？孔子却认为君子住在哪里也没关系，物质上的简陋不算什么问题。

因为他认为君子不应把物质条件列于第一位。向往安逸但不贪图安逸，否则就不配做读书人。孔子又说"士而怀居，不足以为士矣。""居"是安居、条件好之意。这句话是强调人的价值高于物的价值。孔子又说：

君子喻于义，小人喻于利。

"喻"是明白、通晓的意思，"义"是道理、原则，"利"是私利、物质利益。这句话是说精神生活的价值与物质利益的价值在不同人心中位置不同。精神追求是君子所追求的，在小人的心目中却没有地位；物质利益是小人追求的，君子有也可，没有也行，而小人就十分重视。

儒家安贫乐道，这与孔子主张"士志于道"，把道看得高于一切密不可分。故有"君子谋道不谋食""君子忧道不忧贫"之说。这里的"食""贫"，都是针对君子个人而言的，全社会发展经济与此不相矛盾。

孔子把对待精神生活、精神追求与对待个人利益、物质财富看作为区分君子与小人的标准，是他对两种不同人生境界的一个区分。君子不仅是有道德的人，而且是看重精神生活的价值、看重社会、看重理想的人。

4. 见利思义，见危授命

完人是没有缺点的人，所以是做人的最高境界。完人究竟是什么样的呢？子路就此问孔子。

> 子路问成人。子曰："若臧武仲之知，公绰之不欲，卞庄子之勇，冉求之艺，文之以礼乐，亦可以为成人矣。"曰："今之成人者何必然？见利思义，见危授命，久要不忘平生之言，亦可以为成人矣。"

"成人"就是完人。孔子对"成人"分了两个等级。智、仁、勇统一，还要多才多艺，具备礼乐的修养。孔子认为完人很难找到，于是降低要求：

首先，完人要"见利思义"。当你遇到了益处，不要立刻去占有它，而先考虑一下自己应该不应该获得它。如果应该，那么才去获得它；如果不应该，那么就不能走上前去。两者产生矛盾时，君子就重义。

其次，完人会"见危授命"，也就是要见义勇为。在社会或他人遇到危难的时候，不顾个人安危，勇敢地冲上去，为他人的危难献身，即使真的失去生命也不后悔。

另外，完人还要做到"久要不忘平生之言"。就是虽然一直生活在困境中，但不忘平日所立诺言，也就是君子要守信。

孔子讲的这三条标准是完人应具备的，一个君子做到这三点就可以算是完人。它涉及到人的根本的价值问题。

一个人的品格只有在利害关系中才能表现出来，一个人如何处理这些利害关系，就显现出了他的品格中真实的部分。"见利思义，见危授命"就是如此。

"见利思义"在《论语》中有许多不同提法。如"见得思义"

"义，然后取""不义而富且贵，于我如浮云"等。这些话都是说人在遇到利益、好处时如何对待的问题。

此时，孔子认为要以"义"为标准来衡量利益，这个利益合于"义"，这个利就可以取；否则，就不能取。孔子用义排斥利不太符合实际，他并不把利看成坏的东西。不过孔子注重义、人格。他认为，义与人格比实际的利益重要。实际利益如果是有损于人格的话，那么这个事情是不能做的；否则，可以做。公明贾说："义，然后取，人不厌其取。"孔子表示赞同。

有损还是无损人格，评价标准还是义。符合义的取了无损人格；不符合的取了有损人格。义的标准是被公众认可的准则，社会公认"不应该如此"即为不义，反之为义。孔子认为按义行事，是做人的一条基本原则。后来，孟子说：

> 仁，人心也；义，人路也。舍其路而弗由，放其心而不
> 知求，哀哉！

可见"义"在孟子心里已成为人生正确道路的指引。做人不按照义的要求去做，孟子认为是不走正道，这是一种悲哀。"见利思义"，就是正道。

同样，"见危授命"在《论语》中也多次提起。勇于维护正义、为正义事业献身就是其宗旨。在国家或他人遇到危难时，有仁德的人不能无动于衷，坐看不管，见死不救之事都是小人所为。见义勇为、舍命相助的才是君子，才是完人。所以孟子把"见危授命""杀身成仁"称为"舍生取义"。

"见危授命"包含一种强烈的社会责任感，对社会的义务感，是一种与生俱来的使命。危难时，自发地承担责任，履行义务，即使是赴汤蹈火也在所不辞。孔子认为这是做人的一项基本的品德。

"见利思义"的提出，证明孔子认为在人的生活中，道义比个人

的实际利益价值更高。"见危授命"的提出证明世界上有比生命更为宝贵的价值，这就是高尚的人格。这是孔子认为的有高尚人格的人该具备的优点。

5. 泰而不骄

"泰而不骄"也是孔子认为君子应该具备的品德，是孔子提倡的一种人生态度。

> 子曰："君子泰而不骄，小人骄而不泰。"

"泰"是坦然，不卑不亢地为人处世，对别人的评价不放在心上。"骄"是傲慢，自高自大，不把别人放在眼里。骄者唯恐失尊，所以对别人的评价很在意。"泰而不骄"与"骄而不泰"是孔子区别君子与小人的一个标准。

子张问孔子治理政事的问题，孔子说应当尊重五种美德，其中之一就是"泰而不骄"。他对"泰而不骄"作了如下之解释：

> 君子无众寡，无小大，无敢慢，斯不亦泰而不骄乎？

这句话是说君子不论人数的多少，势力的大小，都不敢有丝毫怠慢，这就是"泰而不骄"。按照孔子的这个解释，"泰而不骄"就是要谦逊，人人平等。君子不卑不亢、平等待人，坦然安稳地看待任何人、事，始终充满自信心。只有君子才能做到这一点。

小人目空一切，平等待人只是空谈。这种心理状态，是怕让人看不起的表现。所以小人表面上骄横，常评价人长短，实际上是自己不如别人，感到别人可能会看出自己短处而掩饰的一种表现。

"泰而不骄"与"骄而不泰"是两种人生境界。

"骄而不泰"是傲慢，"泰而不骄"是谦虚谨慎。孔子主张君子要虚心好学，骄傲自满会导致别人的厌恶，降低威信，是致命的坏习惯。他说一个人即使是有周公那样高的才能，如果骄傲、吝啬，那他的才能也会大打折扣。

> 子曰："如有周公之才之美，使骄且吝，其余不足观也已。"

孔子认为骄傲自满会把一个人毁掉，使他不合群，游离于人群之外，影响人际关系，不能与其他人融恰和谐地相处。颜渊在孔子问他的志向是什么的时候，说不自夸、不自我表白功劳、不自满、不骄傲，就是自己的志向。

孔子听后很高兴。所以"泰而不骄"是礼与仁相统一的表现。

6. 临大节而不可夺

在孔子界定的君子人格中，君子一方面注重自己的道德修养，堂堂正正做人；另一方面应关注天下是否太平，国家兴盛与否，百姓是否家庭美满、安居乐业；道义是否在民众中盛行。具有强烈的社会责任感，才是孔子要求的君子所思、所为。子路与孔子曾就如何做人才算得上是君子这一问题讨论过。

> 子路问君子。子曰："修己以敬。"曰："如斯而已乎？"曰："修己以安人。"曰："如斯而已乎？"曰："修己以安百姓。修己以安百姓，尧舜其犹病诸？"

修养自己不但可在个人道德上自我完善，也可以在做好工作、与人友好相处上完善自己，还能在老百姓太平幸福上有所贡献。孔子说，最后这一条尧舜也没有做好。孔子把道德修养看得如此重，却不要求人们为了道德而道德。君子不但要有道德，而且要有益于社会，

主动、自觉地去承担社会责任。曾子说：

> 可以托六尺之孤，可以寄百里之命，临大节而不可夺也
> ——君子人与？君子人也。

这就是君子的特征。"六尺之孤"是指未成年人。这句话是指受先君之命，在先君过世之后辅佐幼主。方圆百里在当时来说，已是一个大国。"寄百里之命"是替别人治理国家，这些都是担负重大责任。君子在担负这样重大的责任时，能够面临生死考验不改初衷，不背弃友人。

《论语》中有一段话与此相近，是曾子说的：

> 士不可以不弘毅，任重而道远。仁以为己任，不亦重
> 乎？死而后已，不亦远乎？

"士"是读书人、知识分子。曾子说读书人把自己的意志锻炼得坚强一些，这样他们在天下实现仁德时，会持之以恒。因为这责任艰巨非凡，他们要为此而奋斗终生。意志不坚、社会责任感不强的人，都不能担此重任。

孔子提倡的这一精神，在中国历史上影响深远。

7. 君子无所争，虑以下人

孔子理想中的社会是社会中的每个人都谦让他人，人与人之间和谐友爱。为此，他提出以礼让来治理国家的思想。

> 子曰："能以礼让为国乎？何有？不能以礼让为国，如
> 礼何？"

这句话是说以礼让治国，也就是以谦让治国。孔子的学说最终目的是社会安定和谐，谦让是人们和谐交往、和谐生存的前提，人们安定团结相处友好，整个社会就会太平。君子就要为了这一最终目的而尽力。孔子说：

> 君子无所争，必也射乎？揖让而升，下而饮。其争也君子。

所谓"必也射乎"，是说君子假设去争的话，那也是比一比能力。这种争比，要在合于礼的前提下，以君子特有的形式来竞争。

"君子无所争"不是绝对的，君子并非在什么问题上都不争个高低。这在今天、在孔子所在的时代都是不可能的。孔子一生都就治理国家的问题与人争论，在其他学术问题上，他与他的学生也会各持己见。周游列国，实际上就是孔子对命运的抗争。鲁国国君在孔子的陪同下与齐国国君相会在夹谷，孔子据理力争，为鲁国争得了面子与利益，这就是有所争。这些都表明孔子所说的"君子无所争"的争，是特指的，君子所不争的是无关大局、无伤大雅的小事情；是会影响人与人之间的融洽关系的问题。君子能做到"见利思义"，能做到"己所不欲，勿施于人"，在个人私利与一些小问题上不会计较。孔子还说：

> 夫达也者，质直而好义，察言而观色，虑以下人。

所谓"虑以下人"是说与人交往时，从内心里对别人采取谦让态度。这是一种与人相交的诚挚态度，是尊敬对方的友好表现。"无所争"与"虑以下人"都可以说是"与人恭而有礼"的具体表现，是"己所不欲，勿施于人"的具体表现。君子理应如此。

8. 君子易事而难悦

孔子发现在君子手下干一份工作是比较容易的，不常受批评，但让君子喜欢却很难，不用正当的手段、不是通过正当的途径讨他喜欢，徒劳无用。君子用人时不挑剔，量才而用。相反，在小人手下工作起来很难，让他喜欢却很容易。讨他喜欢，他会高兴。等到他让你做事的时候，却很难真正满意。孔子说：

> 君子易事而难说也。说之不以道，不说也；及其使人也，器之。小人难事而易说也。说之虽不以道，说也；及其使人也，求备焉。

"说"通"悦"，"器之"是量才而用，不求全责备。

"君子易事而难说""小人难事而易说"生动地把君子与小人的区别反映出来，而且至今都是我们在生活中会碰见的人和事。

君子与小人在人生态度、人生境界等许多问题上都有差别，所以在这个问题上同样态度不明。仁德之人是正直君子，他不存私念，只想把事情做好：

> 君子之仕也，行其义也。
> 君子敬而无失，与人恭而有礼。

"行其义也"即尽其职责也，"敬而无失"是对待工作认真负责，不出差错。所以君子才是真正有利于工作的人。利于工作则悦，不利于工作的虽利于己也不悦。所以工作不好好干，只知用不正当手段讨人喜欢的人会使君子反感。

君子为人大度，能"尊贤而容众，嘉善而矜不能"，又能"泰而不骄""群而不党"，所以那些不正当的勾结会让他厌烦。他对于手下的人量才使用，理解别人的苦衷，不会故意找人麻烦，不会提出非正常的要求。所以君子之间做事易成功。

小人与君子正好相反。小人不干好事，一切考虑自己，喜欢从自己利益出发，喻于利而不顾义。巴结上司，小恩小惠，满足好利之心与希望人奉承的心理全部从中得以显现。小人骄横，要求自己很宽松，对别人要求严格，常提无理要求。所以在小人手下做事，正直的人会觉得透不过气来，无端受到打击的事常出现。

孔子之所以赞赏子产，是因为子产有四种品德合于君子之道。

> 子谓子产：“有君子之道四焉：其行己也恭，其
> 事上也敬，其养民也惠，其使民也义。”

严格要求自己，对待工作认真，对下人和善，理解民众，个人得失不放在心上的人，必然是属于完人。可见，“易事而难说”是一种高尚的人生境界。

9. 君子和而不同

君子与小人的区别也表现在思想认识方面，而且他们各自的反省态度也不相同。孔子说：

> 君子和而不同，小人同而不和。

这两句话中的“同”是等同的意思。“和”是和谐。第一句“君子和而不同”，是说与周围的人的意见一致，君子能够办到，但是这种一致不是简单的等同。“小人同而不和”是指小人在一些方面与别人的意见可以相同，达成同识，采取相同的作法与态度，但与周围的人和谐相处却做不到。

在春秋时代，“和”与“同”已被列入哲学范畴。西周末年，史

伯反对"去和而取同"。其观点认为"和"才是事物发展的原因，如果只是"同"，那么事物无法发展。后来晏婴在此基础上发展了这一思想，并做了个比喻，说"和"就如同美味的羹汤，是由水加上各种调味品、鱼肉作成的。如果在水中添加的不是调味品和鱼，而是水则做不出羹汤。君与臣之间的关系与水汤相似：君说可以，臣也说可以；或君说不可以，臣亦说不可以，那么就是后者。这是"同"而不是"和"。孔子后来借此概念来说明君子与小人的差别。

"和而不同"是君子与社会融合的愿望与手段，也是君子博学于文，把自己对社会上各种事物的理解与看法表达出来。君子对协调人与人的关系很重视，追求社会和谐。君子的思想不会为了什么原因就改变，君子也不会完全把置于别人之中，不会人云亦云。从人格上看，君子是正直的，不是真话就不说，宁可不开口也不会去奉承别人，所以"君子和而不同"。

小人一般都缺乏独立的判断力，对自己的见解不敢肯定，容易相信他人。同时，不关心精神价值，往往附和别人，对于自己的思想不肯坚持。小人缺乏骨气，并且缺乏是非观念、原则性不强。小人很善于掩盖自己的真实思想，最怕得罪人，在遇到外来压力时，就"小人穷斯滥矣"，所以"小人同而不和"。

君子与小人在"同"与"和"的问题上的差别可以说是人生境界上的差别。

10. 君子群而不党

孔子认为君子在与周围人处理人际关系时，要"群而不党"。

> 君子矜而不争，群而不党。

"矜"是严肃、庄重，君子从不与他人争执。"群"是合群，"党"是搞派别。"群而不党"是君子的风度，是君子的气魄。君子与他人融洽相处，团结友好，但君子"和而不同"，无私正派，不与别人搞小派别。

《论语》中与"君子矜而不争，群而不党"意思相近的话还有：

子曰："君子周而不比，小人比而不周。"

"周"有全、普遍的意思，"比"的范围狭窄。两者相比，"周"为公，"比"为私，"周"是团结，"比"是勾结。"君子周而不比"是说君子为了公众的利益，可与他人团结在一起，团结在一起是为了大多数人的利益。而"小人比而不周"是说小人相互勾结是为了个别人的利益，而不是多数人的利益。"君子周而不比"与"君子和而不同"意思相近，但不相同。"和而不同"主要是说思想观念问题，"周而不比"侧重人际关系。"和而不同"体现君子重视个人与社会、环境的和谐一致，尊重自己的个性，把精神自由与人格独立看得很重。君子对自己的精神追求很执着，精神生活日益丰富。"君子周而不比""群而不党"，是指君子在处理人际关系时与多数人友好，为多数人的共同利益考虑，认为与少数人拉帮结派是耻辱。

当然"周"与"比"的不同，根源在于"君子喻于义，小人喻于利"。

11. 君子坦荡荡

君子与小人的差别，孔子认为也体现在精神风貌方面。他说：

君子坦荡荡，小人长戚戚。

这两句话非常贴切、形象。

"君子坦荡荡"，是形容君子胸怀宽广、不在小是小非上计较、乐观、开朗；"小人长戚戚"是说小人心胸狭窄、目光短浅、缺乏宽容

别人的态度，常计较小得小失，不懂大道理。君子与小人的精神风貌
截然相反。

司马牛问孔子什么样的人才能称得上是君子？

子曰："君子不忧不惧。"

没有什么可忧愁的，也没有什么可担心的，这就是君子。司马牛
不太理解，又追问为什么这样是君子？孔子解释道：

内省不疚，夫何忧何惧？

这是说君子经过自我反省，心里没有愧疚，那有什么可担心的。
所以孔子说君子事事符合道义，良心安宁，所以君子不忧不惧。

孔子说，君子在三个方面做得非常到位，还非常谦虚地说，自己
做得不好。这三个方面各是什么呢？

子曰："君子道者三，我无能焉：仁者不忧，知者不惑，
勇者不惧。"

"仁者不忧"不是仁者没有可担心、发愁的事。"君子忧道""君
子病无能焉""德之不修，学之不讲，闻义不能徙，不善不能改，
是吾忧也"。这些都是孔子说的君子的忧患。看上去，这样又与
"仁者不忧"相悖。孔子强调，仁者爱人，仁者能"己所不欲，勿
施于人"，能"己欲立而立人，己欲达而达人"。所以"仁者不忧"
是说仁者忧虑不是为自己，而是忧"道之不行也""君与民也""己
之德性也"。

君子因为不谋一己之私，所以不忧不惧，坦坦荡荡。"君子坦荡
荡"的具体表现在《论语》中有多处提及，如"君子喻于义""君子

群而不党"等都是其中之例。

小人重私利，却把义看得很轻淡，以自我为中心，个人的利益支配自我行动，许多怨恨与烦恼因此而生。这就如孔子所说的：

> 放于利而行，多怨。

"放"通"仿"，依据之义。这句话就是说小人只围绕自己的利益，别人的利益不管不顾。即便如此，他还会"多怨"。他考虑的只有自己，他只顾自己，与他人的利益就会发生冲突，人际关系不顺畅，烦恼与怨恨不断。

只顾自己，不顾别人，就是仁德之心缺乏。自己方便、快乐后，就不顾别人生活得如何，这就是不仁。不仁之人，怨恨不断。如孔子所说的那样：

> 求仁而得仁，又何怨？

小人不仁德，烦恼多忧愁多，总是患得患失，"长戚戚"是一定的。孔子在讲述这种人的时候说：

> 鄙夫可与事君也与哉？其未得之地，患得之。既得之，患失之。苟患失之，无所不至矣。

孔子总结出共事的人当中不能有这种人，这种人常常患得患失，为了不失掉个人利益，会不惜一切代价。

君子与小人的境界何甚之远！

12. 文质彬彬，然后君子

孔子认为君子学习礼非常重要。

孔子注重内在的仁德，但是有仁德还不够君子的条件，仍是不完善的。仁德毕竟是内心的素质，是内在的。然而作为一个君子，内在的仁要以一定的形式表现出来，否则就有所欠缺，不够君子标准。孔子与子路有一段对话涉及到这一问题。

> 子曰："由也！女闻六言六蔽矣乎？"对曰："未也"。"居，吾语女。好仁不好学，其蔽也愚；好知不好学，其蔽也荡；好信不好学，其蔽也贼；好直不好学，其蔽也绞；好勇不好学，其蔽也乱；好刚不好学，其蔽也狂。"

仁、知、信、直、勇、刚这六种品德就是"六言"。这些好的品德如果不能恰当地表达出来，那么就会产生弊端，走向反面，成为愚、荡、贼、绞、乱、狂。"不好学"指的是不好学礼。不学礼如何能用合适的形式使仁、智、信、直、勇、刚表现出来。六种好的品质因为没有仁德就可能变成了六种弊端。一个人爱仁德、仁爱别人，但是不学礼、仁爱之心表现的不得体，在不同人面前是不一样的，只顾讲仁德，那么仁爱会让人觉得呆笨；一个人很聪明，但不学礼，不加以节制，一味表现自己，这种聪明就会走向坏的方向；诚实守信的人，不用礼加以节制，会使自己受伤害；为人正直，但说话尖刻、过于刺激别人，也是不懂礼造成的；一个人很勇敢，但不受礼的约束，就易闯祸；刚强但不懂得礼，不能节制自己的行为，就会为所欲为。可见礼对于君子非常重要，礼虽是外在形式，但影响面广，作为君子，必须具有很优秀的品德；也必须注意使这些品德合于礼地恰当表达出来。这样，礼与仁统一结合，才是君子。孔子说：

> 质胜文则野，文胜质则史。文质彬彬，然后君子。

"质"是质朴，天然的。"文"是文饰，文采，是由人加工而成的。"野"是粗野，不懂礼。"史"是在君王身边或宗庙中负责祭祀的人，代指文职人员。"史"在这里是文饰浮华。"彬彬"则是指各种色彩搭配得很好。这句话是说，质朴多于文采，就难免显得不雅；文采多于质朴，就显得浮华不实。只有二者结合，内在美与外在美统一融合，才具备君子人格。

春秋时期轻视文采。棘子成不同意孔子把"文""质"并举，指出："君子有'质'就行了，要'文'干什么？"子贡告诉他，说"文"与"质"同样重要，并打了一个比喻，虎豹和犬羊两种兽皮上都有条纹，如果把它们的毛都拔去，那这两种皮就没有区别了。可见，具有鲜明的外在美是君子人格的体现之一。好的内在美就要用完美的形式实现，外表的粗陋只能损害它的价值。孔子说："君子义以为质，礼以行之，逊以出之，信以成之。"这就是要求君子用美好的语言和美好的行动来帮助自己实现仁义。具有崇高道德的人，教养也会好。礼仪学得精通，举止就会文雅庄重。他也希望自己的门生做到这些。子路性格粗野，孔子指引他学习文礼。子路不注意外表，穿得很破旧就敢与穿着狐貉皮袍的人精神平等地站在一起。孔子称赞他这种不嫉妒别人、不贪求富贵的品质很好，但同时也指出不修边幅不好。

孔子自己很注意举止仪表。在一些公共场合，事事时时做到有礼有节、举止得体。他的具体做法，在《论语》中《乡党篇》有记载。其中有些东西有形式主义倾向，但在当时，确实反映了人们摆脱野蛮走向文明的愿望。

13. 君子求诸己，小人求诸人

这是在个人修养方面区别君子与小人。

"求"为"责"之意，这句话的意思是说，遇事时君子喜欢在自身找原因，小人常责怪他人。《礼记·中庸》谓"正己而不求于人，则无怨。上不怨天，下不尤人"，说的也是同一道理。

"求诸己"实际上是注重自我价值，是靠自身修养和自我反省来提高、完善自我的能力，不断鼓励自己。在孔子看来，仁和体现仁的行为原则，经过自我修养后都可得到。孔子说："仁远乎哉？我欲仁，斯仁至矣。"心中存仁的人，对人的价值和理想持敬仰的态度，不为利引，不为物移，个人人格的尊严和奋斗目标从不受任何人、事的污辱和改变。即使生活条件艰苦，也能不为个人利益去牺牲尊严，君子内心世界充盈饱满而无忧无惧，而小人却无法摆脱物质世界的诱惑，名誉、地位、财富都是他们向往的，都要"求诸人"，只有在别人一再帮助、支持的时候才能得到满足。这样，他们缺乏自尊、自强的主体意识，患得患失。

"求诸己"还有它的外向目的性。"君子求诸己"的做法实际上是为了提高、完善人适应环境、改造环境的能力，最终是为了加深对外部世界的开发。孔子把这种内与外的统一比作射箭："射有似乎君子，求诸，反求诸身。"没有射中目标时，要回头检查主观原因。这就是说，找出主观原因，克服缺点，然后努力射中目标。这样由外向内，是为了以后更好地向外。因此，具有内向型品格的君子人格，在外向追求上同样做得很好。

在人己关系上，"求诸己"包括推己及人的优秀品格。君子在向奋斗目标进发时，既要把个人的利益和要求考虑进去，也要考虑别人的利益和要求，甚至为了满足他人舍弃自己的利益。而小人在实现自身愿望的途径上仅是"求诸人"，靠索取来满足自己，甚至不择手段谋私利，损害他人。总之，"求诸己"与"求诸人"是两种人生哲学。

14. 君子耻其言而过其行

君子言行一致的思想作风可以用孔子的这句话来概括。言行不一，言过其行，则为小人，君子以此为耻。另外，孔子说过的话中有几句也是在说这个：

君子欲讷于言而敏于行。

先行其言而后从之。

这里的"言"，是指语言，是判断、思想、愿望等感情的表述途径。在此处，"言"是指道德和政治人生方面的言论。"行"，也是说道德活动与政治社会活动。

"先行其言而后从之"的意思是言源于行，行是判断言的标准和根据，行是第一位的。君子人格的实现，不是依靠空话、套话，而是要身体力行，切实去做。

由于实际情况复杂多变，人的言行可能发生偏差，因此不能一成不变。而"毋固"也正是孔子的品行之一。所以，孔子嘲笑那种不管对不对，只要说了就要做，干起来死不回头的做法，认为这种浅薄固执没有出息的人，同君子完全不同。

君子有三畏：畏天命，畏大人，畏圣人之言。小人不知天命而不畏也，狎大人，侮圣人之言。

这里说的"畏天命"同孔子说的"知天命"不可分割。因此，"畏天命"是对天之常道和历史使命的戒慎敬重。"畏"，不是恐惧。"畏"有不轻视、不侮慢的意思。"大人"是指国君、卿士大夫。"畏大人"也就是礼所要求的尊尊。"圣人之言"是说大智大德的人说的至理名言，也就是真理。对大人、圣人之言，君子不会轻视，不像小人那样不放在心上。轻视和侮慢只能损害自己。

君子"三畏"与小人"三不畏"是对待权威的两种不同态度。君子对待必然性权威、国家权威和真理权威持审慎态度；而小人无视权威，玩世不恭，一切都不放在眼里。君子与小人之间的反差，更衬出君子品格的崇高和小人品格的卑下。职位高低、出身贵贱不再是人品好坏的标准，品质的善恶优劣才是标准。职位、势力再大，如果品格卑下，仍是小人；如果品格高尚，即使出身贫贱，仍为君子。这种价值判断，在当时门弟观念极强的贵族社会中，无疑有强烈的批判意义。努力进取的普通人士从中看到希望，很受鼓舞。自孔子起，君子与小人这两个对立的人格概念，成为善与恶的两面镜子，深深植根于中国人的道德观念之中。

孔子的君子人格论是社会走向文明开放的时代产物，既是传统文化的积淀，也是对未来社会生活的探索。孔子的君子人格论在中国思想史上第一次完整地把个体人格的价值和美展示出来，对人民的自我意识的觉醒具有重要意义。君子人格论的出现，标志一个由于认识自我而开始的生气蓬勃的新时代的到来。孔子用这种人格信仰教育门生，使他们成为真正有益于社会的人。关于君子的谈论，孔子大多是对门生讲的。每当他们进步时，他便十分高兴。孔子称赞品德优秀的宓子贱是君子，以鼓励其他门生。有一次，南容同孔子说到古代的羿射箭出众，奡驾船作战优秀，俩人都不得好死；禹和稷亲耕亲种，却得到天下。孔子听后，称赞南容是崇尚道德的君子。

任何事物都有正反两面，孔子的君子人格理论也是有弊端的。君子人格体现了新与旧、传统与未来、自我与环境的统一，所以缺乏与不合理现实斗争的冒险精神和品格。

孔子的君子人格论忽视以生产劳动为主的社会实践的重要性。生产实践是人类改造世界的基本途径，人改造客观世界时也在改造自己。孔子虽然重视内向与外向相统一的实践活动，但他认为外向主要指从政的活动，内向是自我的道德修养。劳动者的贫困和地位卑下使孔子认识到生产劳动只会让人受穷。所以，孔子把对学生的人格培养同社会实践脱离，一味注重道德教化。这样培养出来的君子，观念上有偏见，阻碍品格才能的发展。

造成孔子思想局限的是历史的局限。新、旧冲突还未激化，统治阶级的偏见、生产规模的狭小将人们的眼界限制住，产生上述弊病是不可避免的。君子人格的局限性在当时没有显现出来，起到的作用基本上是好的。这种人格上的自我约束、道德感和以天下为己任的博大情怀、历史使命感，激励着孔子和他的众多门生以及无数后人。

七、时世评论

孔子虽然专心从事教育事业和思想文化研究，但这并不影响他对社会时事的关注。他对各国政局都很关心，并对一些重要事情加以评价。

1. 评论魏献子用人

晋顷公十二年（公元前 514 年），晋顷公把祁氏、羊舌氏杀掉。同年秋，魏献子代替韩宣子执掌国政，把祁、羊舌二氏的田邑没收了，祁氏之田分成七县，羊舌氏的土地分成三个县，并命十个人为各县大夫。其中委任贾辛、司马乌，是因为周王室内乱时，他们率师协助过周敬王；委任知徐吾、赵朔、韩固、魏戊，是因为他们是公卿之后中可以为国尽忠的；另外四人，社会地位较低，与魏献子也没有交情，仅仅是因为他们是贤才，他们任职后才第一次见到魏献子。孔子称赞魏献子：

> 仲尼闻魏子之举也，以为义，曰："近不失亲，远不失举，可谓义矣。"又闻其命贾辛也，以为忠，《诗》曰："永言配命，自求多福。"忠也。魏子之举也义，其命也忠，其长有后于晋国乎！

这里的"近不失亲"，是指任用儿子魏戊说的。魏戊是魏献子的

儿子，一直都是君子的楷模，是出任公职的最佳人选。魏献子知道自己的儿子会是个好官，不怕人猜疑地任用儿子。"远不失举"说的就是另外九个人。他们虽与魏献子没有交情，但魏献子认为他们是贤才，所以重用他们。孔子支持这种做法，这与他一贯的愿望相一致。

孔子在评论中，还特别提到魏献子对贾辛、司马乌委任的事，认为魏献子举用他们是忠于周王室的表现。春秋时，周王室衰微，大的诸侯国争霸天下，战乱纷纷。周王作为名义上的天子、天下的主人，仍然受到大家承认。特别是孔子，认为周王仍是全国中心的象征，各诸侯都应当履行职守，为周王室效力。

2. 评论晋铸刑鼎

晋顷公十三年，晋大夫赵鞅、荀寅在汝水连带兵修建城邑，征用"一鼓铁"铸造刑鼎，把过去范宣子订下的刑书铸在上面。孔子知道后，评价：

> 晋其亡乎！失其度矣。夫晋国将守唐叔之所受法度，以经纬其民，卿大夫以序守之，民是以能尊其贵，贵是以能守其业。贵贱不愆，所谓度也。文公是以作执秩之官，为被庐之法，以为盟主。今弃是度也，而为刑鼎。民在（察）鼎矣，何以尊贵？贵何业之守？贵贱无序，何以为国？且夫宣子之刑，夷之蒐也，晋国之乱制也，若之何以为法？

这是提及晋国三部法典的一段评论，唐叔之法、被庐之法和范宣子刑书就是所提的三部法典。前两部法典，孔子非常赞同，但对范宣子刑书和赵鞅把这部刑书铸在鼎上的做法却很反感，这是由其内容决定的。

唐叔之法是晋始祖唐叔在晋国建国之初确定的法典。被庐之法是晋文公三年在被庐举行大蒐礼时颁布的法典，是对唐叔之法的完善，内容与唐叔之法基本一致。《左传》僖公二十七年谓晋文公于被庐"大蒐以示之礼，作执秩以正其官"。这证明被庐之法和与被庐之法基本一致的唐叔之法是治官之法，也就是行政法。其具体内容与《周礼·太宰》"以八法治官府"之法相近，对各种官职的职责、办事章程以及考核制度等都有明确规定。孔子把从政者的表率作用看得极为重要，因此赞成实施这两部治官之法，所以说"卿大夫以序守之，民是以能尊其贵，贵是以能守其业"。这句话的意思是说：各级卿大夫都在各自的职位上遵守法典有关规定，处处以身作则，民众就会模仿这些从政贵人的做法，贵人们因此能在官位上坐稳。孔子认为做到这些，"贵贱不愆"，法度是符合国情的。

而范宣子刑书是范宣子任晋执政时颁布的法典。孔子说"宣子之刑，夷之蒐也"，意思是这部刑书是根据晋国在夷地举行大蒐礼时制定的法律条文颁布的。据《左传》文公六年记载，晋国在大蒐礼时颁布的法律涉及刑法、民法、礼制等各方面，内容比较广泛。范宣子刑书只是根据其中的刑法部分，即"正法罪""辟狱刑""董逋逃"等制定的。这部刑书制订后，实行不久就停止了，所以赵鞅三十多年后又把它铸到鼎上，再度实施。

这件事可以说是晋国社会矛盾日趋激化的反映。晋自厉公以来，政权和土地逐步归到少数卿族手中，统治阶级内部斗争愈演愈烈，统治者只顾个人敛财，不顾百姓死活，加重了人民的负担。晋叔向称国内"庶民罢敝，而宫室滋侈；道殣相望，而女富溢尤；民闻公命，如逃寇仇"。刑书、刑鼎就是在此种社会背景下出现的。在这种形势下加强刑法力度，是为了镇压人民的反抗。范宣子出任晋执政之前认为晋国"政刑不修，寇盗充斥"，所以在他担任执政时要颁布刑书。看来，赵鞅铸刑鼎于汝滨筑城之时，一定与筑城时大量耗费民力民资、人民怨声载道相关。他把刑书铸在铁上，而不铸于铜上的做法，也说明其刑法对象是普遍民众。

孔子十分反对用刑法治民的手段。他曾说过，对待民众，如果是用政治法规引导，用刑罚整顿，民众可以短时间内不犯罪，但不是从内心不想犯罪；如果用道德诱导他们，用礼教约束他们，那民众就会从内而外地不想犯罪。孔子有这种思想，所以对范宣子刑书当然不赞同。自刑书产生以来，晋国内部矛盾和社会动乱根本没有减少，所以孔子把这些社会问题全部怪罪于刑书，因此称它为"晋之乱制"。

孔子认为，赵鞅用铸刑鼎的办法公布范氏刑书，是放弃唐叔、被庐二法，是对从政者的要求再次降低。他们不再是民众的模范，民众只须按刑鼎的法律条文上的要求约束自己，从政者在民众中的地位更加高高在上。因此，孔子问道："民在鼎矣，何以尊贵？贵何业之守？贵贱失序，何以为国？"意思是说，民众只看见鼎上的具体规定，却看不见统治阶层的榜样，那为什么还要尊重上级呢？这些人失去人民尊重，自己的官位能保住吗？上级贵人不是民众的模范，下面的民众尊重上级也是空话，那天下混乱，还像什么国家呢？

晋统治者内部争权，孔子强调为政者的模范作用是有社会针对性的。他对晋铸刑鼎提出批评，也包含着对治民者的不满和对人民的同情。但是，社会矛盾激烈时，加强法制力度是必然的。公布法律，在客观上也有助于法律的推广，防止或减少执法随意性。郑国子产是"铸刑书"的开端。当时，晋叔向批评子产时，子产说："侨不才，不能及子孙，吾以救世也。"在社会大背景不稳定的春秋时代，孔子要按照自己的理想寻找治国之道。

3. 评论"陪臣执国命"

阳虎把持鲁国政权，孔子如是评价。阳虎，鲁国人，也叫阳货，在孔子少年时代在季氏家担任家臣。阳虎胆识不一般，季氏信任他，所以阳虎得以逐渐把持季氏家室权柄。鲁定公五年（公元前505年），季平子死，其子季桓子刚刚上台，阳虎趁机发动政变，把季桓子抓起来，驱逐季氏的同党，让季氏执掌国政时听从自己的命令。次年，阳虎与鲁侯、"三桓"盟于周社，与国人盟于亳社，诅于五父之衢，然后公然"陪臣执国命"了。从此，"三桓"在阳虎控制之下，他们听命于阳虎从事国事。一个低微的季氏家臣，凭借自己的小小力量，竟能控制鲁国命脉。鲁国人说："阳虎执政，鲁国人谁敢违背他就是找死。"孔子同样认为阳虎得志就是"三桓"势力的衰落。孔子清醒地看到，陪臣执国命同"三桓"专鲁一样，不能持久。对此，他说：

> 天下有道，则礼乐征伐自天子出；天下无道，则礼乐征伐自诸侯出。自诸侯出，盖十世希不失矣；自大夫出，五世希不失矣；陪臣执国命，三世希不失矣。天下有道，则政不在大夫；天下有道，则庶人不议。

这里的"十世""五世""三世"，是根据齐、晋、鲁三国的情况推断的。齐桓公称霸后至孔子时代，经历无亏、孝公、昭公、君舍、懿公、惠公、顷公、灵公、庄公、景公十君后，陈氏渐大，民心向陈。晋自文公称霸后至孔子时代，经历襄公、灵公、成公、景公、厉公、悼公、平公、昭公、顷公、定公十君，六卿执政。鲁自大夫季友专国至季桓子，前后五代，然后陪臣阳虎执国。孔子认为，这种政权最多三代也会结束。"礼乐征伐自天子出"，可避免社会动荡，天子掌握政权、军权，建立以周王为首的权力相对集中的统一国家。在各诸侯国，大夫专国、政出多门的现象也要避免，树立国君的威信，实现社会的安定与统一。孔子这种政治主张，是一种开天辟地的创新。

中国古代实行的国家制度是贵族民主制。周王朝领导的不是一个统一的国家，是以周王为共主的各封国诸侯联合的政治共同体。周王作为共主，是统帅，各侯国的自治权和自主权相对独立，自己有权对政治、军事等方面做决定，无须周王批准。在各侯国内部，国君同世

卿巨室之间也是如此。春秋战国时期，随着各诸侯国间的吞并，文化融合、经济发展等，建立全国权力相对集中的统一国家已是必然。孔子的主张，正适应了未来形势发展的需要。但当时诸侯争雄、公室衰微，他要求加强周王权威的呼吁根本没有得到重视，仁政德治仍是空话。

第五章　短暂辉煌

一、艰难的选择

孔子说："《书》上讲过，'孝'是最重要的，只要人人都孝敬父母、友爱兄弟，那么这种品质就会在政治中有所体现。使这种讲孝道的思想融入政治，也就是参预了政治，为何非要当了官才算从政呢？"

孔子说这番话的时候，心情是相当无奈的，因为孔子从政无门，当权者不给他为官的机会。

齐景公问政于孔子之后，又过去了十几年。孔子随着岁月的流逝及其思想理论的成熟，又有了从政的想法。但是，"天下有道则现"的理想从政环境一直未能出现。鲁公室与"三桓"之间的冲突在昭公去世后有了缓和，但矛盾依旧；阳虎上台后，"陪臣执国命"让鲁国国内重陷于新的危机。

阳虎上台后，为巩固自己的权力，积极拉拢人以对抗和削弱"三桓"。此时专心教学的孔子，也成为他拉拢的对象。三十多年前，他嘲讽年轻的孔子，拒孔子于门外，但现在孔子是鲁国的成功人士，争取他的支持，必能扩大自己的影响，他因此表示要和孔子见面谈谈。孔子对年轻时被阳虎奚落、蔑视印象深刻，当时的情景至今历历在目，孔子当然不会去巴结阳虎。尽管孔子急于从政，但这是一次痛苦

的选择，他决定放弃。

阳虎为了见孔子，想了一个办法：趁孔子不在家的时候，命人到孔子家送去一头蒸熟的小猪。阳虎当时位同大夫。大夫对士赏赐后，如果士没能亲自拜受，要亲自上门答谢。孔子学礼守礼，所以孔子就不得不去拜会了。孔子考虑再三，也选择阳虎不在家的机会上门。可是在他返回的路上正好遇见阳虎。他躲闪不及，阳虎便叫住了他。

"你过来！我同你说几句话。"阳虎命令道。

孔子无可奈何地走了过去。阳虎讽刺他："怀着一身本事，看见国家混乱却束手不管，这是仁吗？"

孔子没有回答。

"称不上仁。"阳虎替孔子答完又问，"盼着做官，却常常放弃做官的机会，这是智吗？"

孔子仍未回答。

"称不上智。"阳虎又替孔子答了，然后说，"属于我们的日子不会多！"

孔子这时才说："是的，我要准备做官了！"

从孔子与阳虎之间的对话看，阳虎站在上风，而孔子处于下风。阳虎盛气凌人，如同君王；孔子厌恶阳虎，但他不敢正面顶撞。阳虎了解孔子的心理，孔子日思夜想的问题他都能抓住，所以都提了出来，既吹捧了孔子，还挖苦了他。孔子软弱是很明显的，因为他没有能够与阳虎抗衡的力量。

虽然孔子说自己准备做官了，但实际上并没有去做官。阳虎给他的这个机会，他不会领情。

这样，孔子放弃了出仕的念头，继续教书事业。

三年后，他又遇到一次选择机会。那是鲁定公八年（公元前502年）的十月，鲁国发生一次大的事变。

阳虎与"三桓"抗衡的力度加大了。他同国内一些与季氏、叔氏有私恨旧怨的贵族势力联合，准备借"三桓"的敌方力量抗击"三桓"，然后用季寤取代季桓子，叔孙辄取代武叔，他本人取代孟懿子。所以，他们准备在十月三日在城东门外的圃田设享礼款待季桓子，把他杀掉后，第二天发兵攻打孟、叔二家。阳虎让郊外的战车部队在这天到齐，全部待命。同时，担任季氏费邑宰的阳虎同党公山弗扰准备在费邑造反。

然而，都邑守城官公敛处父发觉了他们的准备活动。公敛处父告知孟懿子情况不对，孟懿子说他对这些情况不知情。公敛处父判断阳虎是冲着孟懿子而来的，孟氏立刻做了准备。

公山弗扰准备据费谋反时，邀请孔子加盟。孔子很想应邀前往，子路劝阻他，说："没有地方去就不要去，跑到公山弗扰那里去干什么？"

孔子说："邀请我去的人，不会是假意的，如果有人用我，我将有所作为。"

当时，孔子和子路都不知道公山弗扰据费谋反的计划，好在孔子没有去。阳虎的行动很快就开始了。

十月三日这天，阳虎先一步到了圃田，卫士威逼季桓子上车赴宴，阳虎的从弟阳越驾车尾随。途中，季桓子请求驾车的林楚把车赶往孟氏住地。林楚原为季氏驾车，受命于阳虎也是没有办法。他认清形势，愿意听从季氏，于是在十字路口故意把马弄惊，让车直向孟氏府奔去。阳越追赶时被孟氏的埋伏射死。这一意外发生后，阳虎不能等待城郊部队了，于是提前行动。他临时劫持鲁侯、武叔攻打孟氏。这时，公敛处父带领的成邑部队提前赶到，与阳虎战于城南门内，但没有取胜；又战于南门外棘下，阳虎溃败。

阳虎之变失败后，阳虎退守灌邑，很快又退守阳关。定公九年，鲁伐阳关，阳虎逃往齐国，又投奔宋国，最后逃到晋国，为赵简子所用。孔子得知后，评论说："赵氏恐怕因此世代不得安宁！"

阳虎专鲁的政局至此终于结束。

此时孔子已经五十岁了。从他想从政的那一天至此时，大约有二

十多年了，二十多年的苦苦追求没有一点结果。

二、鸿运当头

1. 出任中都宰

就在孔子十分苦恼的时候，他的人生之路突然峰回路转，鲁定公任命孔子为中都宰。

中都宰是中都的行政长官，与现在县长的职位相似。阳虎作乱之后，孔子被任用的真实原因在史料中无记载，不过据当时鲁国政治形势可以分析出来。

从形式上看，鲁定公任用孔子只是名义上的，实际上任用孔子为中都宰的是季氏。定公这个鲁国国君被三桓驾空，国家政权主要在季桓子手中。只有季桓子同意，孔子才能被任命为中都宰。

季桓子是阳虎执政的最大受害者。劫后余生的他，面对国内外形势，希望自己能够改善鲁国政局和他本人在百姓中的形象，所以想物色贤能之士替自己效力。此时，他考虑到了孔子。孔子名望很高，重礼教礼，又有一批有才干的门生。早年孔子在季氏家做过乘田、委吏，与季氏有过接触，同孟氏的关系也较好，曾接收孟氏公子学礼。在阳虎谋反时，他和他的门生有机会介入此事，但最终没有卷入事变。所有这些，都使孔子受到季氏和鲁政府的信赖。

鲁定公九年，阳虎从阳关逃出鲁国后，五十一岁的孔子上任为官了。

中都在鲁国西北部。中都宰的职位不算高，鲁政府很可能是在试用孔子。孔子也愿意从头扎实地做起。据《孔子家语·相鲁篇》：

　　孔子初仕，为中都宰。制为养生送死之节，长幼异食，
强弱异任，男女别途，路无拾遗，器不雕伪。

　　由这些引言可以看出，孔子治理中都的措施是从礼制入手，对社
会治安和经济管理等方面进行整顿，加强民众的思想教化，而且收效
明显，邻国都来效仿。鲁定公召见孔子，问道：

　　"用您治理中都的办法治理鲁国，怎么样？"

　　孔子已有成功经验，所以很有信心地说：

　　"用来治理天下也没问题吧，何况只是一个鲁国。"

　　孔子因此官升至小司空，负责鲁国工程事务的最高长官——司空
的副职；很快，又一路升为鲁国的最高司法长官大司寇，位同卿大
夫。一个非贵族出身的人能够破格出任大夫之职，实为少见。

　　孔子任大司寇的消息传出后，在社会上引起轰动。

　　据说，孔子刚出任大司寇，那些不法奸商、行为不端的人、平日
不守法的人，被孔子的声威震慑住，都改邪归正了。

　　孔子居官态度谦和、礼让为怀，对国君毕恭毕敬。孔子事君，处
处都依礼，宁愿让人误解为是谄媚。孔子不仅"事君尽礼"，亦主张
君主应"使臣以礼"，这样，君臣关系才是融洽的。

　　听讼断案是大司寇的职责所在，然而孔子虽官居大司寇，却乐于
听取各方面的建议和意见，然后择其善者而从之。

　　孔子任鲁国大司寇时处理过许多案件。后人传说孔子处理过一起
父子诉讼案，父子双方互相控告对方。季氏认为儿子上告父亲是不
孝，要把他杀掉。孔子认为把他们拘留起来，三个月后再审理，父亲
回心转意后撤销诉讼，孔子放父子二人回家了，季氏不满意这样处
理。孔子对学生说：

　　"父子相讼是上面不重视教化的结果，责任不在下民。处死他们，
是诛杀无辜。为政者破坏教化，增加刑法，民众不辨是非，误入歧途
是执政者的错，执政者又施之以刑，其结果只能是刑法越来越繁乱，

犯罪行为越来越多。《诗》里说：'君子所履，小人所视。'执政者做得好坏起决定作用啊！"

孔子处理此案的态度，反映了他在政治上强调教化、反对滥刑的立场。孔子出身平民，没有因为自己地位的提高就不去关心民众。他喜欢关键时刻才动用权力，不用权力使百姓困苦。

孔子处理案件时，对各方面的意见都会考虑，并在事前召集大家讨论，主动问"您的意见怎样？""某位看法如何？"，然后从中选择一个他认为合适的办法，说："就按照某位的意见办，我看差不多吧！"

任鲁国大司寇期间，孔子除直接处理狱讼外，还参与国事。

有一次，鲁定公问他："君任用臣，臣服侍君，各自应该怎样？"

孔子回答说："都要依礼，各自尽心尽力。"

一次，鲁定公又问："一言可以兴邦吗？"

孔子回答说："不会有这么大效果，人们说，'为君难，为臣不易。'如果懂得为君难，这差不多就一言而兴邦了。"

"一言而丧邦会出现吗？"定公又问。

孔子说："也不会有这么大的效果。相近似的情况也可能会有。人们说，'我做国君没有什么乐处，只是我说的话没人敢违抗。'如果你说得对无人违抗，那是不错。可如果你说得不对也没人敢说出不同意见，这差不多就是一言而丧邦。"

鲁定公问孔子的问题都是一位想有所作为的君主所思考的问题。孔子的回答是很有启发作用的。鲁定公要是按孔子所说去做，那么就对孔子从政大有益处。

此时，孔子同鲁国君臣来往频繁。他努力以自己的实际行为，树立一种良好的政纪宦风。孔子强调举贤授能，他的职位虽赋予了他特权，但他不为子女亲人谋取一官半职。他唯一的儿子孔鲤，直到去世还是一个小小的士。孔子最看不起怀着一肚子个人目的的官吏，把他们称作"鄙夫"。他说：

"难道能同鄙夫共事吗？这种人想当官时什么都可以做，生怕当不上官；已经当上官了，又生怕丢掉。如果生怕丢掉，那他什么都干得出来的。"

2. 夹谷之会

孔子任大司寇大约两年多。在一次外交活动中，孔子的表现成为孔子从政经历中最辉煌的一个亮点，那就是夹谷之会。

夹谷之会是孔子任鲁国大司寇时亲自参加的一次齐、鲁双边会议。

鲁国弱小，被晋、楚、齐诸大强国夹在中间，正所谓"鲁小弱，附于楚则晋怒；附于晋则楚来伐；不备于齐，齐师侵鲁"。在齐、晋争雄的局势下，鲁定公十年，齐鲁两国准备在夹谷相会，两国国君会面以示友好。鲁国接受了这个建议后，让孔子作为鲁君的随行人员，担任相礼与鲁君一同赴会。齐国当时在政治、经济、军事等方面的力量都强于鲁国。齐国想借此机会，迫使鲁国臣服于齐国。齐国得知鲁国是由孔子陪同鲁定公赴会之后，暗自欢喜。齐国人认为孔子是一老书生，没有什么值得担心的。

齐大夫犁弥告诉齐景公："孔丘这个人只懂得礼仪，对军事一窍不通。如果在会上，派附近的莱人持器械逼鲁侯，我们的目的就会达到。"齐景公听从了他的意见。

鲁国这边并不知道齐国的阴谋。鲁定公认为两国国君表示合好，举行友好会见时，就不应当带全副武装的车乘前往。可是孔子对齐国与盟媾和的诚意保持怀疑，加上"弱国无外交"，所以提醒定公赴会要做好防范措施、增加武备。

古时诸侯盟会可以随带兵车士卒护送，听了孔子的建议后，又加派了军队和军事长官。

会场设在距夹谷南麓不远的一处宽阔地带。地面上专门搭起有三级台阶的土台和环台而筑的四方土院，四边各开一门，作为会场的坛和宫。齐景公和鲁定公互相施礼后，登坛就席，双方随行人员按级别位于下阶。献酬礼后，齐国执事者要求表演当地舞乐助兴。这样，一群莱人手持旗旄以及矛、戟、剑、盾等兵器鼓噪而至。孔子见状，一面命鲁国卫队把这伙人挡住，一面率先登坛保护鲁侯。情急之下，孔子把登坛礼节就抛在脑后了，三级台阶一两步就跨上去了。他一上坛就责问齐景公说：

"我们两国君主友好会盟，怎么能表演这种夷狄的乐舞？"

孔子的这一番话可以说是在"敲打"齐景公。他明着斥责东夷人，暗中是说齐国人。既揭露齐国之阴谋，又不动声色地把责任归到东夷人身上，为齐景公找了一个台阶。齐景公没有料到孔子如此难对付。在孔子义正词严的质问下，齐景公急令东夷人撤走，一场危机暂时化解了。

但到两国盟誓时，齐人又单方面在盟书上加上一款不平等条文，是说当齐国出师征伐，鲁国必须派出三百辆兵车参战，否则，鲁国就是破坏盟约而应受到惩罚。

齐国的这一无理要求，是要把鲁国置于其附庸国。这个难题本该由鲁定公来解决，因为他是一国之君，但是鲁国的实权掌握在三桓手中，季氏决定国事有经验，但季氏没来。定公突然遇到此等事情，没有经验应对。鲁国既派孔子跟随君而来，孔子就要应对。这个难题只能由孔子解决。

孔子深知鲁国与齐国抗衡不了，不能一口回绝齐国，鲁国得罪不起齐国。但他又不甘心受此等侮辱。所以，孔子也向齐国提出了一个要求：

"你们齐国如果不把鲁国的汶阳之田归还鲁国，我们怎能听命于齐，所以齐国也是破坏盟约！"

孔子是以其人之道，还治其人之身。所以，齐国答应了孔子的要求。

齐鲁两国夹谷之会，齐国的阴谋没有得逞，鲁国在外交上取得了前所未有的胜利。齐鲁两国的国力并未因此改变，但是鲁国人出了一口气。长期以来，鲁国就受到晋、楚、齐三面的夹击，逆来顺受，忍气吞生，从不敢在强国面前据理力争。

夹谷之会后，齐景公为了改善齐鲁两国的关系，就归还了侵占的汶阳地区的郓、灌、龟阴等三邑。

孔子的声望因夹谷之会极大提高了一步。季氏更加信任他，孔子也由大司寇升为代理宰相职务。

孔子从任中都宰到代理宰相职务之前，总共才两年的时间。这两年里，孔子不断官升高位，威信日益提高。可以说，这段时间是孔子一生中最得意的时刻。

孔子的学生们都为老师高兴，孔子也抑制不住内心的兴奋。有学生问：

"'君子祸至不惧，福至不喜'，现在您却这么高兴，为什么呢？"

孔子回答说："对，是这样的。可是还有一句是'乐其以贵下人'呢！"

升官就是让人高兴，孔子并不认为自己超越了常人的感情。

此时，孔子特别乐于从政治角度和学生们谈论人生、理想。有一次，颜回、子路在孔子的要求下，谈起各自的志向。子路表示：他愿意把自己的车马和昂贵的皮袍跟友人共同享用，即使用坏了也不心疼。颜回表示：他愿意不夸耀自己的好处，不夸耀自己的功劳。最后，孔子说他的志向是："老者安之，朋友信之，少者怀之。"也就是：对老一辈人，要使他们晚年幸福；对同辈朋友，要诚实相待；对年青一代，要多多帮助。以深爱诚教施于天下人，也是对他的仁政理想的展望。

在孔子"行摄相事"这年的十二月，孔子参加了蜡祭，并在事前让人到自己家冲傩。这种活动，他虽不是第一次参加，但今年是最高兴的。

蜡祭，是中国古代农民的狂欢节，是在农业丰收后祭神报功的。节前一日举行傩。傩就是迎神以驱逐疫鬼。届时，几名武士身披熊

皮，头戴嵌有四只黄金眼的假面具，一手操戈，一手举盾。他们率领神人神兽在屋内搜索疫鬼。驱鬼咒语朗朗上口，击鼓声顿挫有力，犬羊的躯体被他们劈开后，分别置于房屋四周各门，以禳除邪恶。然后，蒙面者与神人神兽跳舞、欢呼，庆祝驱鬼成功。

孔子在举行傩这一天特意穿上朝服，立于主人站立的厅堂东阶，迎接驱鬼者，笑眯眯地看着他们舞蹈。

之后，孔子参加城内蜡祭。他作为礼相，引导鲁国君臣在社坛祭祀农神、土神、水神、谷神。之后，乐队高唱《蜡辞》：

> 使土壤回到原来的位置，
> 使水流沟壑，庄稼有水浇灌。
> 使大小虫儿不要闹灾，
> 使草木返回山泽，不在田里为非做歹。

蜡祭结束后，孔子和他的学生们登上城门楼，俯瞰节日场面。自鲁定公七年大旱以来，鲁国已连续四年无大灾，适逢第五个丰收年，城内一派节日景象。农夫们都身穿黄衣，头戴黄色草笠。满城黄服人群与大自然中的黄色融为一体，让人感动。管田猎的官员带领由人装扮的鹿群，表演田猎舞，妇女身着各色彩衣表演节目。人们吹奏芦笛，打击土鼓，载歌载舞。然后大家齐聚校堂，参加乡饮酒礼，畅怀痛饮。

子贡特意到人群中体验百姓的感受。回来时，孔子问他，人们是否玩得高兴。他回答说：

"全城人都像失去了理智一样，我判断不出他们到底高不高兴。"

孔子说：

"老百姓一年之中，只有这天才能畅开怀地乐一乐，这其中的道理你还不明白啊！如果全是紧张没有松弛，周文王、周武王也做不到；只有松弛而不紧张，文王、武王也不愿意。松紧结合，才是文王、武王的治国之道啊！"

3. 堕三都

物极必反是事物发展的规律，人生的道路不可能一路畅通，也不可能事事不顺。孔子在得意了几年之后，遇到了打击。

夹谷之会的胜利使鲁国在国际环境方面取得优势。但阳虎事败后，国内危机仍存在，而且就在夹谷之会结束不久，又发生侯犯据郈叛鲁事件。这件事，直接导致孔子"堕三都"。而"堕三都"的失败，彻底改变了孔子的政治生涯。

侯犯是叔孙氏家臣，任郈邑马正。郈是叔孙氏的采邑，邑宰为公若藐。叔孙氏的新宗主武叔懿子与公若藐有旧怨，因此派侯犯杀之。侯犯杀死公若藐以后，又开始反对武叔，据郈叛变。郈邑城防坚固，不易攻破。武叔率师围攻两次也没有攻克，后来求助郈邑工师驷赤。驷赤设圈套挑拨邑民与侯犯的关系，围攻侯犯，逼其出国逃亡，郈邑被收复。

孔子十分痛恨"陪臣执国命"，他把这种局面称为天下无道，所以想改变这种局面，想使国君真正成为有权力的国君，张公室，抑私门，使诸侯国强大，抑制大夫之家的发展。

在古代分封制下，各国大夫都拥有采邑。大夫们本人住在国都，采邑由家臣管理，布有武装，兴修城堡，用军事管治。有的城堡发展得好，成为军事要塞。鲁国叔孙氏的郈、季孙氏的费、孟孙氏的成等三邑，就是这样的要塞。"三桓"经营三邑，初衷都是要加强自己的实力，但却深受其害。阳虎之乱所凭借的力量之一，就是他控制的这种城堡。孔子想从拆毁这些城堡入手，煞煞陪臣气焰，从而消灭"三桓"。

鲁定公十二年，孔子提出"堕三都"的主张，建议定公拆毁郈、费、成等三邑的城堡。他援引古制对鲁定公说："做大臣的，不能收藏武器；做大夫的，不能拥有三百丈长的城墙。而季孙、叔孙、孟叔

三家的城堡"费""郈""成"的城墙都违背古制，应当拆毁他们采邑上的城堡。

孔子的建议说出来之后，引起一阵喝彩。拆除三邑的坚固防御设施，可以防止类似南蒯、侯犯之事再度发生，盘踞在费邑的阳虎余党也可借机铲除干净，故季孙、叔孙表示同意，孟孙也支持。堕三都对鲁定公有无尽的益处，所以受到鲁定公的积极支持。这种乘"三桓"急于根除身患之机而削弱其实力的做法是十分机智的，证明孔子在复杂的政治环境中有借矛盾达到政治目的的能力。当时，子路任季氏家总管，他代表季氏安排实施。

首先拆毁的是"郈"。当时，进行过程很顺利，没有人敢抵抗，而在拆毁"费都"时，公山不狃开始反抗。

公山不狃是阳虎叛乱的同谋，只是没有败露。他想借"费都"为据点背叛季氏。所以拆毁"费"时，公山不狃以攻为守，率费人袭击了国都曲阜城。鲁定公与"三桓"都在季氏家中藏身，在一个叫武子的高台上保全性命。孔子命令申句须与乐颀两员大将战败公山不狃，公山不狃只得逃往齐国。这样，才拆毁了"费都"。

拆毁"成"随后开始。成邑位于鲁北境，距齐国边境不远。成邑宰公敛处父坚决反对此事。他在阳虎事件中有功，孟氏器重他。他对孟懿子说：

"毁掉成邑，齐人与鲁国北门间就没有防线了；成邑又是孟氏的保障，没有成邑，孟氏就不成其为孟氏。您就假装不知道，我不毁邑。"

公敛处父看透"堕三都"抑三家以强公室的政治目的。如果说"堕郈""堕费"因为侯犯、公山不狃等人作乱而使政治目的受到掩盖，那公山不狃等人被清除之后，再去"堕毁"成邑就会将公室与"三桓"之间的矛盾突现出来。因此，公敛处父一说，孟懿子明白了。孟氏多年前曾学礼于孔子，他如今只好不顾尊师旨意，对"堕成"装作没有耳闻，按兵不动。季孙、叔孙觉察了孔子的真实意图，他们对孟孙的态度不理睬。"堕成"的计划就拖到这年十二月，最后鲁定公派自己的兵将行动，失败而归。

孔子在公室微弱、权力下移时提出"堕三都"是为了加强公室，实行国家的安定与统一。"堕成"的失败，证明增强公室不能依靠"三桓"的实力，而鲁侯也无力实现它。

孔子本想通过"堕三都"，达到一箭三雕的目的：第一是打击陪臣，第二是削弱三桓，第三是增强公室力量，巩固君位。"堕三都"失败后，反而暴露了孔子对"三桓"的真实看法。随着时间的推移，"三桓"对孔子"堕三都"的真实用意终于有了新的认识。

孔子"行摄相事"之初，与季桓子关系很好。史籍称孔子"行乎季孙，三月不违"，也证明他们合作得不坏。但季桓子发现"堕三都"有损于己而利于公室时，开始心怀戒备。他始终记得他的先父季平子在鲁昭公时与公室之间的斗争情景。昭公死后，季平子将这位国君的坟墓葬在鲁公墓区道南，同鲁先君墓隔开。孔子任大司寇不久就在昭公墓外挖了一条界沟，昭公墓与鲁先君墓在界沟以内的墓区中，实则合二为一。季桓子回想此事，感到孔子这一举动与"堕三都"有前因后果的关系，因而在孔子因公务去见他时，表现十分冷淡。

季氏不久以前对孔子的信任与重用，相互之间的密切配合，立即不复存在了。

"堕三都"还引起孔子的个别学生反对。当然，孟懿子是站在反对立场上的。另外一个名叫公伯寮的学生乘机向季桓子说子路的坏话，子路也就不能担任季氏总管了。

这件事使孔子在鲁政府中已经十分脆弱的地位进一步受到挫伤。

命运的转折来得如此突然，像命他任大司寇和"行摄相事"一样。尽管孔子对国内的复杂环境可能会产生的各种后果有心理准备，但当厄运来临时，仍为之难过。

"堕成"失败后，孔子病了，躺在床上数日不能下地。鲁定公来看他，他半卧着，不能行君臣之礼。孔子把上朝的礼服盖在身上，拖

着佩带，面朝国君，做到在面容上不带病态。

鲁大夫子服景伯来看孔子，特意说起公伯寮告发子路这件事。子服景伯说："季桓子受了公伯寮的欺骗，他有力量把这背后说人坏话的家伙杀掉，抛尸示众。"孔子拦阻道：

"我的主张能实行，这是命运；不能实现，也是命运。公伯寮能把我的命运怎样呢？"

4. 临行祭扫

转眼到了鲁定公十三年。

孔子想既然在本国不能把自己的政治主张付诸实践，为什么不去别国找出路呢？如果哪一个国家都不能让自己有所作为，那就乘坐木筏到海上漂泊。

"同我一起乘筏到海上漂泊的，恐怕只有仲由吧！"孔子说。

子路知道后很高兴，他并没有理解孔子的本意，于是孔子批评他说：

"仲由勇敢超过了我，可是对事情缺乏判断。"

新年过后不久，齐国给鲁侯送来了女乐。夹谷之会后，齐国君臣一直觉得很没面子，后经犁弥建议，挑选了八十名年轻美貌的女子，训练她们唱歌跳舞，同时又准备三十辆大车一百二十四好马，把这八十名美女与一百二十匹好马送给鲁国国君。当时，一百二十匹马都身披彩衣，三十辆大车载着八十名身着华丽服装的美女，浩浩荡荡地来到鲁国都城城外。乐队高奏《康乐》舞曲，八十名美女翩翩起舞。

季桓子化装成老百姓，混在人群中观看，十分满意，于是请鲁定公接受，把"堕成"不克而产生的愤懑化解掉。鲁定公在季桓子陪同下，一连多日观赏齐女歌舞，沉迷酒色，更加不问政事。子路见了十分反感，觉得为这种国君谋划"堕三都"是白费心思。

孔子也非常灰心，他的理想在鲁国是没有希望实现了。子路非常理解孔子，也认为在这种情况下，孔子要实现政治理想，就要到外国去。他建议孔子离开鲁国，但是鲁国是孔子的故乡，是他的祖国。鲁国有周朝遗留下来的丰富的文化遗产，这些文化遗产使孔子成为一个有文化、有道德的人。孔子舍不得离开这样好的国家，他对季氏、鲁定公是否留用他，也抱有一丝幻想。他对子路说："鲁国即将举行郊祭，按理说，祭祀后是要把祭肉分送给大夫们。如果他们送祭肉给我，那就证明他们还会用我，我就不用走了。"

孔子的幻想落空了。郊祭之后，孔子没收到祭肉。这对孔子是一个严重的打击。孔子感受到一种屈辱，于是率领子路、颜回、子贡、冉求、宰我、高柴等近十名学生周游列国，开始了长达十几年的流浪生活。

临行前，孔子到防地祭扫父母墓，并在墓上积土四尺。他说古代墓上是不积土的，但他准备四方奔波，不能不做点标记。然后，他回到家中。此时天降大雨，从防地回来的门人报告说，墓上积土被雨水冲坍了。孔子没有说话。门人以为老师没有听见，一连报告三遍，孔子的泪水泫然滚落。

孔子师徒一行人缓缓地向卫国走去。他们走走停停，行进缓慢。学生们嫌走得太慢，孔子说：

"我走得慢，是因为这是在离别父母之国啊！"

他们到达鲁边境一个名叫屯的地方时，季桓子派出的使者，一个名叫师己的乐官追来送行。季氏派的这位使者既无自责之意，又不表示挽留。孔子于是不愿多说话。

"您老人家没有过错啊！"师己很同情地说。

孔子没有接话，过了一会儿，孔子才说："我唱支歌儿给你听，好吗？"于是一边抚琴，一边唱道：

> 那女人的口，
> 能把人逼走；
> 那女人的话，

可以亡国破家。

我何不宽心游荡，

快乐度过时光。

师己回去后，把孔子的言行报告给季桓子。季桓子听出孔子是批评他接受齐人女乐。他不愿挽留孔子，但又觉得让孔子走确实可惜，只是长叹了一口气。

第六章　周游列国

一、卫国受辱

卫国与鲁国是兄弟之邦，吴公子札，称赞卫国"卫多君子，未有患也"。卫国贤大夫遽伯玉几年前派使者拜见过孔子。孔子打算如果卫国不留他，他可以走水路赴晋，或者至郑国、陈国、楚国。如果留在卫国，假设鲁国召唤，回去也很方便。总之，卫国是理想去处。

"这里人口真多呀！"孔子刚到卫国时不禁赞叹道。

冉有在孔子身前驾车，听见孔子话后回过头来问："人口多，应该怎么办呢？"

"让百姓致富。"

"人民富裕之后该怎么办呢？"

"使他们受教育。"

一个国家的人口"既庶矣"，尔后"富之"；"既富矣"，又当"教之"。这是孔子到卫国后所提出的第一条重要的政见。孔子真诚地期望一个国家人民不仅众多，而且所有人都能过上一种富裕、有教养的美好生活。

在我国历史上，孔子是最早提出富民主张的思想家之一。与仅提出富民思想的思想家相比，他的主张又在富民的基础上，提出对人民

还应进一步进行教化。

孔子师徒一到卫国，事情进展得十分顺利。他们首先在子路妻兄颜仇由家住下；很快，子路、颜仇由同弥子瑕联系上了。弥子瑕是卫灵公宠臣。弥子瑕提出让孔子住到他家，对子路说：

"你的老师如果依附于我，在卫国能取得卿位。"

孔子不喜欢这样的狂妄之辈，于是推托"一切由命运安排"，没有答应。

卫灵公没过几天便接见了孔子，问孔子仕鲁期间一年拿多少俸禄。孔子说"俸粟六万"。卫灵公也付给他六万。一年六万俸粟足以保障孔子师徒的生活费用。所以，他们完全可以有自己的馆舍，就不再寄食于颜仇由家了。

之后，卫国政局和鲁国一样也动荡起来。公叔戍事件就发生在孔子来卫后第一年。公叔戍，卫已故贤大夫公叔文子之子，与其父一样侍奉卫大夫。卫灵公很讨厌这个有钱的狂妄之徒。这年冬天，公叔戍想清除灵公夫人南子的党羽，南子发觉后，把他告发了。次年春，卫侯把公叔戍及其同党驱逐出境，公叔戍逃到他的采邑蒲发动叛乱。

孔子对公叔戍的父亲公叔文子非常钦佩，来到卫国后对文子的事迹还进行过专门的搜集；公叔戍也向孔子的学生就丧礼方面的问题请教。公叔戍事发后，可能有人根据这些情况告发孔子等人与公叔戍来往较多，卫灵公听后不悦，派专人到孔子住所监视。既然卫侯不再信任孔子，眼下局势也会给自己招来灾祸，所以孔子在卫国只留住十个月，于鲁定公十三年末离开卫国。一同走的除从鲁国随来的学生外，一个贵族青年带上五乘私车也追随而去。

二、蒙难匡蒲

以私车相从的贵族青年叫公良孺，是陈国人，孔子于是想随他到陈国去。但路过匡邑时，一名学生说了一句话为一行人惹下麻烦。

匡邑距卫都帝丘一百二十余里，与蒲邑相距十五里左右。匡邑以前归属于卫国，后来被郑国占领。鲁定公六年（公元前504年），阳虎率师侵郑，攻占过匡邑，匡人十分憎恨他。孔子一行经过此地时，驾车的一名侍者用马鞭指着一处城墙说，他以前与阳虎攻战匡城时，曾在这里打开缺口。一个路旁的匡人听见后，认为孔子长得很像阳虎，又见这些人人多车多，来者不善，于是把他们当成阳虎一伙向邑主汇报了。匡简子听说后马上派人追捕。混战中，孔子一行走散了。孔子和一部分学生被押往城中囚禁起来。

另一部分被冲散的学生陆陆续续地探听到孔子下落，都相继"主动投案"，只是缺少颜回。孔子十分担心。颜回最后来到时，孔子说："我以为你死了呢。""您老人家在，我怎么敢死。"颜回见到尊师和各位难友，连日的焦虑总算祛除了。

孔子一行被匡人多次审问。他们反复解释。但几天过去了，仍没有恢复自由的希望。

孔子徘徊在空屋子里，感慨万千：自仕鲁以来，他顺利的日子实在不多，堕三都失败、遭鲁君冷落；在卫时，因公叔戍事件受影响；眼下又被匡人误作阳虎遭拘禁。孔子长叹着俯身琴旁，想借弹琴排遣积在胸中的压抑。子路见状，抽出腰间的长剑柄，想要率领大家冲杀出去。孔子停下琴，阻止道：

"周文王去世后，传承历史文化的责任落在我身上了。天如果不

让后人继续传承这种文化，那我就不会掌握这些文化了；天如果想传承这种文化，那匡人又能把我怎样？"

孔子这番话使学生们深受鼓舞，立即感到自己也是文化承传者，肩上全担负着重任。

"由！你唱支歌儿吧！我为你伴奏。"孔子对子路说。

子路唱起来，大家也跟着唱，一连唱了三遍。歌声中有股浩然正气，把门外的武装看守都吸引住了。

第二天，也是被拘禁的第五天，匡简子派甲士来声明所到诸位不是阳虎一伙，即日放行！

获释后，大家惊魂稍定就急于赶路。他们大概想到附近卫境某地稍作休整，但路过蒲邑时，蒲人竟之中出来拦截他们。当时，公孙戍被卫灵公驱逐后，正在策动叛乱，所以想逼迫孔子等人参加。同行的陈国公子公良孺贤良刚勇，愤慨地大声说："我们刚从匡邑捡条命，到这里又遭难。既然如此，那我们不拼命还等什么！"他于是率领自己的人马，同蒲人拼杀起来，子路等人也奋勇迎战。

打斗一番后，蒲人认为这伙人会给他们增加麻烦，但担心他们会给卫都通报情况，于是答应放行，但孔子一行不得返回帝丘。孔子同意后，双方盟誓。但一出蒲城，孔子就命令速返帝丘。子贡奇怪地问：

"难道盟誓可以违反？"

孔子说："那是被强迫的，神灵不会听。"

卫灵公知道孔子师徒在蒲邑的表现后大为震惊，高兴地亲自到城外迎接他们。见面时，灵公问孔子："讨伐蒲邑可行吗？"孔子说："可行"。灵公说："我的大臣们却认为不可行。蒲邑是卫国抵御晋、楚侵犯的屏障，卫国自己去讨伐它，不合适吧？"孔子说："蒲邑的人民都不愿跟公叔戍叛国，所以讨伐针对的只是蒲邑的四五个头目。"灵公认为孔子说得对，但还是没有讨伐蒲。

公叔戍据蒲叛卫的时间不长，于鲁定公十四年春（公元前496年），逃往鲁国。

三、卫灵公无常

自鲁定公十三年（公元前 497 年）春天，孔子到卫国求仕后，在近五年的时间里，孔子因为卫灵公对自己的态度时好时坏，不得不几次离开卫国。离开卫国后，孔子一时没有去处，所以又一次次返回来。

卫灵公其实是想得到蒲地叛乱的第一手材料，才亲自到城外欢迎孔子，让孔子认为他是卫灵公的贵宾。卫灵公很器重孔子，但实际上卫灵公并不给孔子实际的位置。

匡、蒲两次危难之后，孔子师徒担惊受怕，不宜匆匆上路。孔子也想趁这次卫灵公转变态度的机会，再争取一下，以求卫国政府支持，以便在卫国实现政治抱负。因此返卫后，孔子依附于名大夫蘧伯玉家，想借灵公夫人南子重新实现其仕途理想。

南子是宋人，婚前与宋公子朝有私情，宋人很看不起她。南子为人聪明，年轻美貌，深受卫灵公宠幸，她干预朝政，卫灵公并不制止。她也很景慕孔子，想看看孔子长什么样子。她派人邀请说：

"来自四方的贵客，凡是想同我们国君结交的，都一定来看看我，我也想见一见四方的贵客。"

南子知道孔子是重视礼节的人，所以精心打扮了一番，佩环戴玉，穿着考究地坐在薄纱帐内等候。孔子与南子隔帐答礼。隔着一层薄纱，孔子看不清南子的尊容，只听见她答礼时身上佩戴的玉器的撞击声。

事后，孔子称赞南子见面时能以礼相待。子路却认为老师急着去会见这样的风流女人有失体面，因而神情极为不屑。子路的态度使孔

子感到受了污辱。他指天发誓说：

"我如果有不可告人的目的，老天会厌弃我的！老天会厌弃我的！"

孔子与南子的见面是有收益的，由于孔子等人同卫国上层社会开始来往，卫国贵族对孔子师徒有了了解，所以孔门弟子相继在卫任职，高柴任士师，子路也做了蒲邑宰。孔子担心子路管理刚平息下来的蒲邑有难度，叮嘱他说："蒲多壮士，不易整治，所以要恭谨待人，让勇者折服；秉公执法，团结民众；严于律己，报答君主。"子路上任以后，孔子还不放心，常关心那里的治理情况。

至此，孔子一直没能在卫国担任具体职务，有时被卫侯召去作为顾问，伴君于左右。有一次，卫侯与夫人南子同车出游，请孔子坐第二辆车，公然行在卫国城内。卫侯是想取得孔子欢心，但孔子却觉得自己成为卫侯显耀自己的工具，因而心里不悦。

鲁定公十四年秋（公元前496年），卫国的太子蒯聩刺杀南子未遂，卫侯把蒯聩的同党驱逐出境，太子蒯聩也逃到宋国。太子的出逃给卫国带来的是立嗣问题。同年，晋国的知、赵、韩、魏四族与范、中行氏的斗争激化，卫同齐、鲁二国在牵地盟会，要一齐救范、中行氏。卫灵公内忧外患，当然要冷落孔子。孔子感到卫侯不会用自己了，便对别人说：

"如果有人让我管理国家政事，一年便差不多了，三年就会有成就。"

卫灵公得知此话后，没有任何反应。孔子觉得自己是处于陪衬地位，待遇丰厚但无实际作用，特别无可奈何。

这年末，子贡有事回鲁国，正赶上第二年正月邾隐公朝见鲁定公。子贡因为跟孔子学礼的缘故，所以特意去观礼。返回卫国后，子贡谈起鲁、邾二君会见时的情景。邾子把朝见用的礼器圭玉高举，脸朝上仰；鲁侯低身接受圭玉，脸朝下俯。这两种做法都不合乎礼，有死亡之象，鲁侯是主人，子贡认为他可能先死。这年五月，鲁定公果然死了。孔子感叹子贡的话"不幸而言中"，埋怨子贡多说话。

子贡是卫国人，比孔子小三十一岁。

子贡思维活跃，擅长辞令，是孔门弟子中最擅长外交的学生之一，深得孔子的器重。子贡曾多次陪同鲁国君臣出席外交活动。据《史记·仲尼弟子列传》载，田常想在齐国叛乱，又害怕高、国、鲍、晏四大家族，所以想借四家的兵力去伐鲁。孔子为了劝止田常伐鲁，于是派子贡前往齐国劝阻田常，然后游说吴王、越王、晋君，利用各国的矛盾引发各国交兵争霸，结果"子贡一出，存鲁，乱齐，破吴，强晋而霸越。子贡一使，使势相破，十年之中，五国各有变"。

子贡除了善于外交，而且擅长经商致富，是孔子弟子中最富有的学生。据《史记·货殖列传》："子贡结驷连骑，束帛之币以聘享诸侯，所至，国君无不分庭与之抗礼。夫使孔子名布扬于天下者，子贡先后之也。此所谓得势而益彰者乎！"子贡卓尔不群的政治外交才能和雄厚的财势，促使孔子的声名远播天下。所以有人认为子贡贤于孔子，有人甚至诋毁孔子。在这种时候，子贡总是极力维护孔子："仲尼不可毁也。他人之贤者，丘陵也，犹可逾也；仲尼，日月也，无得而逾焉。"他说孔子是"固天纵之将圣"，"自生民以来，未有夫子也！"。

孔子逝去后，弟子们依礼为孔子服丧三年，只有子贡又继续为孔子守墓三年，以表达对恩师最深切的哀思。子贡晚年居留、终老于齐国。

居卫期间，孔子除赴陈过匡之行外，还有两次要离开卫国：一次是打算应佛肸的邀请到中牟去，另一次是要到晋国去会赵简子。

佛肸是晋国范氏、中行氏家臣，任中牟宰。中牟是范氏、中行氏的采邑，距卫西北边境不远。鲁哀公元年（公元前 479 年）十一月，赵简子率师伐朝歌，去征讨范、中行氏。这时，佛肸在中牟发动暴乱，降于卫国，并向孔子发出邀请。孔子想去，子路劝阻说：

"您过去说过：'一个干坏事的人，君子是不到他那里去的。'现

在佛肸在中牟发动暴乱，您却要去，那怎么行呢？"

孔子回答说："是的，我是说过，但你不知道吗？最硬的东西磨不薄，最白的东西染不黑，我难道是匏瓜吗？怎么能老是挂在那儿不供人食用？"

事后，孔子大概考虑到中牟问题关系到晋国内部宗派斗争，也可能他一时烦闷才说要应邀而行，总之，他没有成行。

虽然这次未去，但晋国是孔子的一个目的地。晋是春秋时最有影响力的大国，为官于晋，前途无量。孔子早在仕鲁以前，就对晋国的政局十分关心。赵、魏、韩、知四族与范、中行氏的宗派政治斗争还在继续，他希望会见晋国执政赵简子，愿为平息晋国的动荡局势及其未来发展尽力。鲁哀公元年十一月以后，孔子一行终于赴晋。

卫与晋国是邻国。从卫都帝丘向东，渡过黄河，再往西南走就到了晋国边境。但他们刚走到黄河东岸，还没有离开卫国境内，晋国就传来赵简子杀害两位贤人鸣犊和窦犨的消息。孔子失望至极，决定不去晋了。

孔子站在黄河岸边，久久不语，无限伤感。

远处的黄河水烟弥漫，十分壮阔。

"黄河水多么壮美啊！"孔子不禁叹息，"我不能渡河西行，这大概也是命运吧！"

子贡站在他身旁，问道："您怎么这么说啊？"

孔子解释说："鸣犊、窦犨全是晋国的贤人，赵简子以前全是依靠他们；赵简子掌权之后，却把他们杀掉。我听说，祸害幼兽，麒麟就不会出现在郊外；把池塘里的鱼全捕走，龙就不会降雨；把鸟巢里的鸟蛋全部毁碎，凤凰就不会来。这是因为物伤其类啊！鸟兽都能做到，何况是我呢！"

孔子坐车回卫途中，在一个名叫陬乡的地方停歇，作《陬操》歌，寄托对鸣犊、窦犨的哀悼。后人追寻孔子当时的心情，做了一首《琴操》：

排干湖泽捕鱼，

蛟龙就不去遨游。

砸毁鸟窝鸟蛋，

凤凰就不去逗留。

我怀着满心伤愁，

归去来！息于故陬。

　　陬乡大概离蒲邑很近，所以孔子顺路去看子路。子路治下的蒲邑使他为之振奋。孔子发现蒲邑经子路三年整治已面貌大变：荒地变成耕田，垄亩没有杂草；百姓屋舍严整，树木十分繁茂；官府地点十分肃静，冤情诉讼根本没有。孔子认为这种好成绩要归功于忠、信、敬、宽治政，孔子对身旁的子贡连连称赞子路。然后，他又回到卫都帝丘。

　　卫灵公知道孔子赴晋的事后十分不高兴。因为卫国已干涉晋国内部的宗派政治斗争。这年夏秋，卫国为了帮助范、中行氏，同齐、鲁两次联合伐晋。因此，卫侯不再欢迎孔子返卫。不仅如此，卫灵公有意向孔子请教军事问题，以暗示卫、晋处于交战期，让孔子知道自己对他赴晋有意见。孔子也不满意卫灵公干预自己，故回答说：

　　"祭祀方面的知识，我还听说过一些；打仗这类事，我没有学过。"

　　第二天，孔子在庭院里看见卫灵公。说话时，卫灵公仰视天上的飞雁，做出轻慢举止。孔子看出卫国实在不能待了。

　　卫大夫王孙贾，希望孔子跟卫灵公的宠臣搞好关系，重新取得卫侯的欢心。王孙贾没明说，而是用隐语试探：

　　"人们说'与其讨好奥神，不如巴结灶神'，这是什么意思？"

　　"这话不对。"孔子说，"得罪了上天，又向谁祷告？"

　　孔子有一次在屋里击磬打发时间。一个挑草筐的人听见后说：

"这击磬之声不同一般呀！"过了一会又说，"这磬声确实有含义！没有人理解就算了，水深，那就直接淌过去；水浅，那就撩起衣服走过去。"

孔子大为所动。

不久，即鲁哀公二年四月，卫灵公去世了。

卫灵公去世前，想改立公子郢为太子。郢不同意，又改立蒯聩之子辄。辄是历史上的卫出公。出公坚持已故灵公的反晋立场，晋赵简子大力扶持流亡的卫太子蒯聩。灵公死后两月，赵简子便让鲁国来的阳虎率师护送蒯聩，以奔丧为由进入卫都。卫师发现后中途拦阻，蒯聩以诈术骗入，在距卫都仅四十里左右的戚邑同卫出公开战。至此，为了君位继承问题，蒯聩父子之间动用了武力。

孔子的学生仍很想知道孔子的立场。

"老师可能支持新君吧？"冉求说。

子贡想去验证一下，于是问孔子：

"伯夷、叔齐是什么样的人？"

孔子说："那是古代的贤人！"

"他们后悔吗？"子贡又问。

孔子说："追求仁也得到了仁，有什么可后悔？"

伯夷、叔齐是古代孤竹国的两位公子，他们谁都不想争夺君位，全隐居首阳山。蒯聩父子争位与这俩兄弟恰成鲜明对比。子贡认为孔子称赞伯夷、叔齐，所以不支持蒯聩父子争国，于是出去向大家宣布：

"老师谁都不支持！"

卫国时局日益紧张。卫出公准备兵马要去收复被亲生父亲占领的戚邑。内战即将开始，孔子决定离卫赴陈。他的门生，除一部分继续留在卫国做官外，其余的人都追随孔子。当时的孔子，已经五十九岁了。

四、"三国"之行

孔子一行从卫国由北向南行驶，过曹、宋两国，又折西而行，从郑国继续南下，于鲁哀公三年（公元前 492 年）抵达陈国。

孔子师徒大概是一般性路过曹国，而在宋国却逗留了一段时间。宋是孔子的祖籍，孔子年青时考察殷礼就是到宋国，其夫人亓官氏也是宋人，因此对这里十分亲切。但宋国君臣对孔子的到来不以为然。宋景公是在孔子主动求见下接见他的，而且问了许多问题：

"我想国家兴盛，我想得到许多土地，我想使民众不起疑心，我想让大夫等贵族效忠于我，我想使季节符合时宜，我想使圣人主动投奔我，我想使官府得到治理，要做到这些都该怎么办？"

孔子对宋君的众多问题很感兴趣，说："其他国君也向我发问，可从来没有人像您一次问得这样多。"然后，他有针对地答道：邻国相亲，则国家兴盛长存；君王和大臣都是贤人，土地就会增多；不杀无辜，不释有罪，民心自然不疑；俸禄优厚，贵族们就会尽忠尽力；尊天敬鬼，则季节适宜；礼贤下士，则圣人自来；任人唯贤，官府就能得到治理。

宋景公听完孔子的话认为很难做到，就说：

"做到这些确实是没有忧虑了，但我不能，我做不到。"

孔子说："贵在坚持。"

景公却不想再听了。

宋景公的不器重，是孔子来宋以后的一大尴尬，但最使他难堪的还是宋司马桓魋。此人是宋先臣向戌之孙，宋桓公的后裔。他特想死后能够不朽，当上司马后就命人给他做一副巨型石椁。这是个细致

活，难度极高，工人们三年没有完工，而且都累病了。孔子见后很气愤地说：

"费这么多力气干什么，不如叫他死后早些烂掉！"

桓魋知道后，大怒。当时，孔子的下榻处有一株大树，孔子师徒在树下常常聚集，演习礼仪。桓魋派人把这株树连根刨掉，故意寻衅闹事。学生们让孔子快离开宋国。孔子说：

"天使我有德，桓魋又能把我怎样？"

这样的话，孔子在匡邑时说过。但宋国与匡邑不同，眼下的事态是孔子批评司马桓魋受到的报复，大家处境极度危险。经过商量，他们决定立刻离开此地。他们化过装，穿上便服，分几批秘密潜行，担心让司马桓魋察觉。为防备桓魋按他们原定南下路线追截，又从南门出城后向西赶路，奔往郑国方向，在郑国都城新郑外会合。桓魋派人截拦时已经晚了，他们已不知去向。

新郑距宋城三百余里。化了装的孔子师徒经过几日奔波，相继到达新郑城外。孔子一个人站在城东门附近等学生们。当地一位农民告诉子贡，说城东门有一位长相很特别的高个老头，微驼着背，样子又瘦又累，活像一只丧家狗。子贡找到城东门，一看果然是老师孔子，便把这话如实告诉他。孔子听后不禁大笑，说：

"长相不重要。说我像只丧家狗，啊啊……这倒很像，很像！"

孔子在郑国停留过没有，史料无记载，但司马迁认为停留过。因为郑国是孔子敬仰的贤大夫子产的故国。虽然子产去世三十年了，但孔子还是心存敬畏。因此，他在这里停留一段时间，考察子产的流风善政是可能的。

孔子看到的郑国，与昔日子产相郑时大不相同。现任执政官罕达及其前任驷歂不实行惠民睦邻政策。驷歂一上台就用竹刑。郑国国内社会矛盾尖锐，大夫驷秦为郑人所杀与这种社会的退步有直接关系。罕达继任不久，又跟从齐国干预晋国内部宗派斗争，支持范、中行氏，并于鲁哀公二年八月，晋、郑战于铁。晋国战前宣布"克敌者，上大夫受县，下大夫受郡，士田十万，庶人工商遂，人臣隶圉免"，鼓励全体兵将作战。郑国战败。此事，距孔子适郑仅半年。孔子来到郑国时，亲自感受到了战败后的气息。郑国君臣对孔子师徒很冷淡，使他们受到冷落，所以孔子没有久留。

不久，孔子一行离开郑都新郑，沿着淮水支流洧水东岸向陈国进发，步入南方地界。

五、居陈

孔子一行抵达陈国是在鲁哀公三年（公元前 492 年）五月或五月以前。

陈是南方妫姓小国，相传是舜的后裔，国都宛丘与蔡、楚两国接壤。楚灵王时，陈被楚占领，楚平王即位后又恢复其自治地位。复国后至今，陈已有三位国君，现任国君是陈闵公。孔子抵陈，先投奔一位叫"贞子"的正直的大夫，通过他会见了陈闵公。陈闵公十分高兴地接见了孔子一行，把他们当作上宾，把最好的馆舍安排给他们住。

孔子在陈国受到礼遇，自然有孔子名望高、司城贞子大力推荐的原因，不过孔子本人的学识起的作用是最大的。

鲁哀公三年五月二十八日，孔子刚来到陈，鲁国宫城发生火灾。失火地点是西边的司铎，然后越过公宫，东面的宗庙很快就烧着了。孔子得知后说："大概把桓公和僖公的庙烧毁了吧！"后经证实，因火势殃及，烧毁的正是桓、僖二庙。鲁桓公那时是鲁国的八世祖，僖公是六世祖。按古礼，他们的宗庙都应该在四世以后毁掉，在太庙内安置牌位。由于当权的鲁"三桓"是桓公的后代，他们当权又始于僖公时，桓、僖二庙才得以保全。孔子很不赞同这种做法。因此，他同陈

闵公谈及此事时，把两庙之毁看成是对非礼行为的一种报应。陈闵公得知烧毁桓、僖二庙的说法是真的以后，十分惊讶，对子贡说：

"我现在才知道圣人是多么了不起！"

既然陈闵公礼遇，孔子便留下来，在陈国进行教学，当政府文化顾问。当地不少青年都来向他求学，陈亢、子张等人就是这个时期收下的学生。子夏、子游也可能是此时收下的弟子。

自鲁定公十三年（公元前 497 年）离开鲁国，孔子在中原诸国辗转近六年才在陈国安定下来。孔子这时已经六十岁了。此时，他有机会对自己的多年求索和体会进行总结。

孔子在教学之余，有时还到城内名胜宛丘游玩休息。

宛丘位于陈国东南，中央宽平，四周全是古树，游人众多，附近百姓也来此砍柴。陈国人崇尚巫术，是因为嫁给陈始祖虞胡公的周武王长女大姬"好祭祀，用史巫"。相传陈国男女"亟会于道，歌舞于市井"。城内外许多地方都是百姓大型集会的场所。

有一次，子路和巫马期到宛丘砍柴时看见陈国的处师氏带着上百辆车，在宛丘举行歌舞。《诗经·陈风·宛丘》记该地歌舞情景云：

> 子之汤兮，
> 宛丘之上兮。
> 洵有情兮，
> 而无望兮。

> 坎其击鼓，
> 宛丘之下。
> 无冬无夏，
> 值其鹭羽。

> 坎其击缶，

宛丘之道。

无冬无夏，

值其鹭翿。

孔子及其门生从中感受到的韵味与亲临时相同。

孔子居陈期间，十分想念祖国。他来陈的第一年，鲁国的季桓子病故。季桓子临终时，表示出对孔子长期流落国外的歉意，让他的儿子继任执政后召回孔子。孔子在陈时得知此语，深受鼓舞。他又听说留在鲁国的学生琴张、曾皙等人，一个个全都大有长进，也十分欣喜。孔子真想早日回国，为弟子们的成长提供指导。他说：

"回去吧，回去吧！我们家乡的年轻人都进步很快，我都不知道回去以后怎么去提高他们呢！"

然而，季康子没有请他，所以他没有回鲁。

没多长时间，孔子的声望和在陈国的影响在楚国引起轰动。楚昭王打算聘请孔子，还有"昭王将以书社地七百里封孔子"的消息传来。楚是南方大国，楚庄王争霸中原后，楚国可与齐、晋相比。吴人略地入郢虽削弱一些楚国实力，但近来楚国经济开始复苏。赴楚一游，孔子十分感兴趣。

当时，陈国是吴、楚两大国的争抢目标。早在吴王阖闾冒犯楚国时，吴命陈怀公归服，怀公不同意，两国从此结仇。吴王夫差继位后，于鲁哀公元年率兵伐陈，斩祀杀厉而还。鲁哀公六年，吴又伐陈。楚昭王认为陈是楚的附属国，楚平王与陈有过盟约才恢复自治，于是率师救陈，在城父扎营。

开战前，楚昭王在军中生病了。经占卜认为是黄河神作怪所致，请求祭河免灾。昭王不祭祀本国以外的山川，拒绝祭祀。天象不久显现异常，红色云朵挂在空中，形状如鸟，在太阳两旁晃动三天。昭王派人去洛邑请教周太史。周太史说这是对楚王不吉的征兆，建议举行禳祭，移祸于左右大臣。昭王说："这样做，如同想治好心腹之疾，

把疾病移到四肢一样，不解决根本问题。我没有什么大错误，天难道会使我夭折吗？如果因罪受罚，为什么要嫁祸于人？"所以坚持不禳祭。这年七月，昭王率师进攻大冥。此时，昭王病情加重，亡于城父。

孔子对楚昭王病故深感意外。他无比痛惜这位仁君的去世，高度评价楚昭王不祀神鬼的行为。孔子不迷信神鬼，认为人世间有一种超越神鬼的力量，这就是天道。遵循天道，就会有好结果，神鬼保护倒不见得。《夏书》上说："惟彼陶唐，帅彼天常，有此冀方。今失其行，乱其纪纲，乃灭而亡。"《夏书》上又说："允出兹在兹"。讲的都是这个道理。楚昭王反对不合情理的祭祷，证明他是懂得大道的；所以，他在位期间，吴人侵楚入郢也不会丧国。

楚昭王病故，楚师回国举丧。楚师撤退后，吴军随时会大举入侵陈国。鉴于此，孔子决定带领学生到楚国去。此时，孔子不知道，一场饥饿与死亡的考验正在等待他。

六、绝粮七日

蔡国是由陈赴楚的必经之地。蔡国于鲁昭公十三年（公元前529年），迁都新蔡。鲁哀公二年（公元前493年），蔡昭侯迫于楚国相逼，投靠吴国，东徙都于州来，史称下蔡。鲁哀公四年，楚国把过去抓住的蔡人和没有跟随蔡侯东迁的臣民一齐搬到负函，蔡人聚集负函，所以也称之为蔡。

鲁哀公六年，楚昭王在城父驻扎时，陈国南境以及陈南境与负函之间的蔡国故地是吴、楚的军事范围。这年七月，楚王带病与吴人战于大冥。楚军撤退后，吴军控制这里一些地方。孔子一行由陈人楚，一定要先走这方圆八百余里的广漠地域。常年争战使这里人烟稀少，蔡国居民两度迁徙后也使这里成为废墟。因此，孔子一行陷入进退两难的困境。沿途为避免吴军的袭击，他们不得不绕道迁行。这一带是淮水上游水系区，颍水、汝水正值汛期，河岸道路全部淹没了。孔子师徒竭尽全力也没走多远。他们随身携带的粮食快吃光了，只好采集野菜掺在米里煮粥。

他们饥饿疲劳，一路上有一半时间是用来寻找野菜的。为节省体力，他们休息时间越来越长。孔子依旧精神饱满，向学生说明正确对待困难的道理；有时唱歌诵词，帮学生分散注意力，不去想饥饿，但此时学生们似乎再也听不进去了。

渡过汝水之后，他们疲惫虚弱至极，再也走不动了，于是在不远的一座村庄里住下。村子中没有一个人，房屋都坏了，他们住在一所较宽大的破旧土屋里。

学生们都到外面寻找野菜，颜回留下来陪孔子。颜回在室外择菜，准备晚上吃。孔子在屋内沉思一阵后，拨弄琴弦，唱起《诗·小雅》里的一首诗：

何草不黄？
何日不行？
何人不将？
经营四方。

何草不玄？
何人不矜？
哀我征夫，
独为匪民。

匪兕匪虎，

率彼旷野？

哀我征夫，

朝夕不暇。

子路和子贡在外面找了半日，也没挖到什么野菜，就回来了。他们在外面听见孔子的歌声，埋怨道：

"老师在鲁国被驱逐，在卫国不受重用，在宋国遭到桓魋威胁，目前又跑到这里挨饿。要杀害老师的人没有罪过，威胁老师的人不会住手，但他老人家还是这么有兴致，难道君子竟然对什么都如此不在意吗？"

颜回听见后也不知该怎样劝他们。子路先进去问孔子：

"君子也会穷困不堪吗？"

孔子不弹了，看了子路一眼，严肃地说：

"君子固穷，小人穷斯滥矣！"

孔子这句话很快在学生中传遍。

孔子从学生的情绪中看到比绝粮更重要的思想危机，他把学生叫到身边，问他们：

"《诗》里说：'匪兕匪虎，率彼旷野。'我的主张有错误吗？为什么被困在这里？"

子路发表观点，说自己的主张不被别人看重、接受，只能归罪于自身在仁、智上没有修炼得更好，所以人家看不起。子贡说，主张不被人接受，是由于老师把标准定得太高，人家明知自己不能做到，所以应该降低要求。孔子不满足这两种意见。他举史例反驳，伯夷、叔齐都是仁者，却饿死首阳山；王子比干是智者，却横遭杀害，这说明仁智者往往难逃厄运。降低标准，就是放弃理想，让自己圆滑人世，更是要不得的。最后颜渊说自己同意老师的观点，别人不接受自己的主张，那是他们的责任。主张不够完善，是我们的能力不够；主张已经完善而不接纳，那是为政者能力不够。正确的主张不被人家采纳，自己仍坚持下去，君子人格才得以显现。孔子听后很开心，开玩笑说：

"好样的！如果姓颜的这小子将来发了财，我给他当管家！"

学生们哄堂大笑。接下来，大家的心情舒坦多了。为了迅速走出困境，学生们共同推举子贡到负函去，以便获得接应。因为负函距离较近，是入楚第一站。楚大夫叶公沈诸梁，负责守卫那里，一直负有善名。子贡走后，一行人苦中做乐，耐心地等候消息。

传说在此期间，孔子与颜渊有过一次误会。颜渊负责伙食，有一次灰尘落到粥锅里，就觉得把粥倒掉可惜，给别人吃也不好，于是自己吃了。孔子正巧看见，以为他偷吃东西，经不起困难考验，婉言提醒他注意。颜渊向孔子解释清后，孔子很受感动。孔子认为自己不能以身作责做到"知人"，所以把这件事告诉全体学生，作了自我批评，让大家借鉴一下经验，防止主观武断。

师生们绝粮的第七天，负函守卫派的接应车赶到了。

孔子他们一到负函，负函守卫叶公沈诸梁就热情地招待他们。由于一路饥饿困苦，师生们吃饱后都需要好好休息；负函离楚国都城郢五六百里，而且山路很难走，所以孔子想接受守卫的邀请，在负函暂作栖身，然后与新即位的楚惠王取得联系再走。

孔子这次在负函停留的时间，《史记·孔子世家》有自陈"迁于蔡三年"的说法可作参考。不过从孔子以后的周游足迹判断，在负函三年可能性很大。

孔子在负函时，担任政治方面的文化顾问。叶公向孔子请教政治问题，孔子回答说："近者悦，远者来。"因为，负函集居大批蔡难民，治理起来相当不易。孔子建议叶公对居民实行仁政，使其心悦诚服，远地的民众也会被吸引过来。

叶公还同孔子谈到诉讼问题。负函有一位正直的人，其父偷了羊，他去检举做证。孔子说，他所体会的正直与此不同，父亲替儿子隐瞒，儿子替父亲隐瞒，正直就在其中了。叶公欣赏本地的正直，因为人们之间相互监督，对于统治者十分有利；孔子则主张友爱，实行

人伦社会的和谐。两人政见明显不同。

在古代宗法制度下，君臣父子之间相互批评是允许的，但相互诉讼绝不可以。周襄公说过："君臣无狱。……君臣皆狱，父子将狱，是无上下也。"血缘关系松弛、社会矛盾加剧的春秋时代，这种礼制无人遵守了。卫成公与元咺诉讼是当时君臣互狱的特例，孔子仕鲁时也有过此种体验。对这种现象，孔子不满意。

叶公与孔子交流过几次后，对孔子这位北国名人越来越不理解。有一次，他问子路：

"你们的老师是一位什么样的人啊？"

子路没有回答。孔子知道后，说：

"你为什么不回答呢？你就说孔子是个用功时忘记吃饭，快乐时忘掉忧愁，一直不服老的一个人。"

孔子已看出指望叶公向楚王推荐不太行得通，于是先派遣子夏，后来又派遣冉求到郢都。但学生们一直没有争取到满意的结果。赴郢会见楚王的计划只好不了了之。

楚国一直是孔子向往的地方。孔子到负函以后，直至后来回归之前，一直在楚游玩，他对楚国非常感兴趣。

七、游历楚国

孔子游历楚国的传说，先秦两汉的古籍中有很多记载。孔子在负函时，曾特意漫游方城以南和汉水以北地区。

《史记·孔子世家》记载，孔子曾往返于蔡、叶之间，蔡就是负函。叶，即叶公沈诸梁的采邑，紧挨方城。孔子是叶公的门客和顾问，到他的采邑参观一下是很自然的事。

另外，孔子还去了巢。巢是楚白公的采邑，位于白河上游。在河南南阳市南。《史记·楚世家》说："惠王二年，子西召故平王太子建之子胜于吴，以为巢大夫，号曰白公。"楚昭王八年（公元前508年）以后，巢一直归属于吴国，楚惠王手下的白公能够守卫巢不太可信。古有四巢，除南阳市南之巢与寿县南之居巢以外，另二巢是：今安徽巢县西南之南巢与今河南睢县南之巢。楚惠王时，唯南阳市以南的巢邑在楚辖境内，白公所治之巢舍此莫属。所以，孔子同白公有接触。《吕氏春秋·精谕》《淮南子·道应训》《列子·说符》都记述二人就"微言"有过一段对话。

白公问："能否与人微言？"

孔子不答。

白公又问："与人微言与投石于河相同吧？"

孔子答："会潜水的人可以将投进河水里的石头捞出来。"

问："那跟水和水混在一起一样吗？"

答："淄水同渑水相混，易伯牙就能分辨出来。"

问："那是说同人微言不可以吗？"

答："为什么不可？只有懂得微言之意的人才可以。"

这段问答的深一层含义，现在没人知道了。白公可能有叛乱的预谋，故以"微言"问孔子。但这只是猜测，既然书里都记载下此事，那么孔子与白公交往的传说在战国秦汉时就有了。《墨子·非儒》说孔子亡故后的白公之乱与孔子有关，看来是从孔子与白公有过接触这一基本事实为前提的。像《非儒》这样攻击儒家的文章，还是靠事实为依据的。白公任巢大夫之前，一直在吴国流亡，他同孔子问答当在赴巢就任期间。孔子居负函时，也到过沧浪。

《孟子·离娄上》记载，孔子在沧浪边上曾听到一个未成年的孩子唱乡歌，歌词是这样的：

沧浪之水清兮，

可以濯我缨；

沧浪之水浊兮，

可以濯我足。

孔子听了，对学生们说："小伙子们，你们听啊！水清就洗帽缨，水浊就洗脚，这可是完全取决于水的啊！"那时，这种乡歌，只能在汉水附近才能听到。《楚辞·渔父》里的屈原听见渔父唱这支歌，也是在河边。屈原所游之江，就是沧浪江。屈原打算沿汉水而下长江、南赴湘水。由此推断，孔子游楚到过汉水附近极为可能。

可见，孔子离负函游览时走的是一条由北而南的行进路线。也就是说，孔子除了在蔡、叶之间往返，还沿着叶——巢——汉水之滨漫游。也许他们一行是多次从负函出发，分别游玩各处。

孔子师徒走河谷，穿山林，过邑里，在酒家借宿，接触过许多人，农民、渔夫、隐士、酒店主等，都与他们结下了友谊。从他们身上，孔子对楚国人民和楚国思想文化更加了解了。

当地人对孔子这群远方游客很好奇，孔子一行来到一个名叫蚁丘的村邑，住在卖酒家里。全村人都来围观，有的还爬到屋顶上看。子路生气地说："这些人挤来挤去看什么？"

一次，孔子一行在路上碰见一位渔夫，渔夫一定要把自己捕的鱼送给孔子，孔子不肯接受。渔夫说："天气热，市场又远，鱼卖不出去，烂掉了可惜，不如送给您吧。"渔夫朴实无华，认为不让余财积压浪费而施之于人，这合乎孔子提倡的圣人之行，于是孔子谢礼后接受了。

夏天，孔子一行来到一个叫阿谷的风景秀丽的地方。山谷里到处都是苍松翠柏。泉水清澈，味甜如糖，从山上蜿蜒而下，流入谷前的小河川。几家村舍建在距此不远的丛林中。一个头戴玉瑱的姑娘在河边洗衣，清脆的捣衣声和她的身影非常吸引人。孔子要子贡前去同她搭话，其余人留下观察她的言行。子贡拿一个盛酒的容器，向姑娘要水喝。姑娘说："这里的水有清有浊，一直通到大海。要喝随便喝，问我们女人有什么用。"她说完后，把容器迎着流水洗一遍，顺着流水灌满，然后坐在沙石滩上，把容器放在身旁。子贡又拿一支琴递给她，说："您说话像清风一样，吹得我心里特别滋润。这是一支没有调过音的琴，请您调调音。"姑娘说自己是没文化的人，不会弹琴，更不懂调琴，很合理地拒绝了。最后，子贡又送她丝织品，放在她身边。姑娘这时不高兴了："您这位过路人是什么居心，还把财物放在这里。我年纪轻轻，哪敢接受您的东西？您再不走，小心我男人会突然出现在你面前！"孔子很满意这个乡下姑娘的举止言行，说她"通人情，知礼节"。

孔子经过一片树林时碰到一个驼背的捕蝉老人也很有趣，当时天很热，树林中"知了——""知了——"的蝉鸣声接连不断，那驼背人一心举竿捕蝉，根本没发现孔子等人已走近他身边。孔子见他捕蝉毫不费力，就问：

"您有技巧吗？"

"我有道。"捕蝉者说，"练习五六个月，竹竿头上摞上两个丸子也不掉下来，那么粘蝉失手就不太多了；摞上三个丸子也不掉下来，失手就更少；摞上五个丸子也不掉，粘蝉就会像你看到的一样，如同拾捡东西。我粘蝉的时候，身体如同树桩，拿竿的手臂像根枯树枝。我不会去注意周围的一切，心思全部放在蝉翼上。我专心致志，为什么抓不到呢？"

孔子回头向学生们说："一心一意，聚神会精，还有什么事做不到呢？"

所有这些具有优秀品质的普通人物，都与楚国风光一齐留给孔子极为美好的印象。除普通百姓，孔子在楚国还遇到几位农夫身份的隐者。

在叶邑附近，长沮、桀溺正在地头耕地，孔子派子路向他们问渡口在哪儿。

长沮问子路："那位在车上手执马缰绳的人是谁？"

子路答："是孔丘。"

"是鲁国的孔丘吗？"

"是的。"

"那他应该知道渡口在哪里。"

子路又去问桀溺。桀溺问：

"你叫什么名字？"

"我叫仲由。"

"你是孔丘的门徒？"

"是的。"

桀溺问完，说："到处都乱哄哄的，你跟谁也改变不了这世道，你与其跟着你那位躲避坏人的人，不如跟着我们这些躲避坏世的人呢！"说完就继续耕地，不再说话。

子路回去秉告孔子，孔子感慨地说："人不能同鸟兽群居，不同世上的人交往，那么人该跟谁交往呢？如果天下太平，一切符合礼制，那我们就可以不触及政治了。"

有一次，孔子一行走散了，子路向一位用拐杖挑着除草工具的老者打听是否看见自己的老师了。老人说："你这人懒惰，连五谷都不分，谁是你的老师？"说完，便扶着拐杖除草。子路认定老翁是一隐者，便在一旁拱手恭立。老人见状便留他在家过夜，杀鸡做饭款待，还叫自己的儿子陪他。第二天，子路赶上孔子，说起这件事。孔子立刻让子路带路，等找到老者家时，老者已人去宅空了。

孔子在楚国遇到的这些隐者，不同于后世隐居、不问政事的文人骚客，他们都是靠劳力吃饭的劳动者。由于距远古时代不算太远，他们对以往氏族社会无君臣上下之分的平等生活仍很向往。楚国与其他诸侯国相比，进入文明时代要晚一些，这种人自然更多一些。他们对国家出现以来形成的等级、权势、贪欲和各种社会不平等不能接受，宁愿躬耕于垅亩，也不愿牺牲自由。孔子敬仰他们这种超脱，羡慕他们那份超然心态，但不赞成他们躲避人世。在他看来，个体人格的价值只有在社会实践中才能实现，弃人的人，则人无异于禽兽。因此，子路后来针对遇见隐者的事说：

"不愿做官，这不合道义。礼仪不会废除，君臣关系为什么会不继续，追求个人洁身却伤害了根本原则。君子做官是在履行道义。我们的主张不被接受，错不在我们。"

子路的话代表了孔子师生的从政态度，也饱含他们对从政行道的无奈。

随着岁月的逝去，孔子在国外漂泊的年头越来越长，孔子越来越思念故国——鲁。他到负函的第二年，即鲁哀公七年（公元前488年），子贡赴鲁，应季康子之请，与吴太宰伯嚭于鄫。事后，子贡又返回孔子身边，把鲁国的新消息带回来。

吴国夫差即位后实施霸政。他即位不久，大败越人于夫椒，打败越王勾践。此后，吴势力扩大，与齐国争战称霸。鲁国地处吴、齐之间，是两个大国争夺的对象，可谓腹背受敌。鲁哀公七年，吴、鲁会于鄫，吴违反规定，向鲁征调牛、羊、猪各一百头。子贡会见吴太宰时，就此指责吴国"不以礼命诸侯"。八年春，吴王夫差率师伐鲁，武城、东阳成为吴地。吴军越战越勇，进军泗水，直逼鲁城。这样，留在鲁国的孔子学生和广大国人全都拿起武器抗击吴军。有若参加了鲁大夫微虎组织的三百人敢死队，准备夜袭吴王。吴王得知后一夕三迁。但最后，鲁政府惧怕吴国，与对方签订城下之盟。同年夏，齐人也进攻鲁国，占领灌、阐二邑，鲁又签了城下之盟。子贡还告诉孔子，孔子的夫人亓官氏和孔鲤的身体都不大好。居鲁学生和鲁国将士在对敌斗争中的英勇气概让他欣慰，但家人的境遇让他十分忧虑。这种流浪异国的生活再也不能继续了，可季康子犹未执行父命发出召请，这可真让人为难。

此时，留在卫国做官的学生告诉孔子，卫出公有委任孔子之意。孔子就准备回到卫国，从那里返鲁。

一个名叫接舆的楚狂人，似乎在为孔子送行，特意经过孔子的车旁，唱道：

> 凤兮，凤兮，
> 何德之衰？
> 往者不可谏，
> 来者犹可追。
> 已而，已而，
> 今之从政者殆而！

孔子明白他是在劝自己别再想从政，就想下车同他说几句话，但那人快步走开了。

八、归卫

孔子离开楚邑负函返回卫国时，同以前自卫南下取道曹、宋的路线不同。此次，他们走的是西线，经陈、仪、蒲，直抵卫都帝丘。

楚军因昭王病故于鲁哀公六年（公元前489年）从陈国战场撤退以后，陈在吴国的军事压力下，归顺强吴，从而惹火了楚国。鲁哀公九年夏，楚伐陈，毁坏陈西门。孔子赶到陈都时，正赶上陈国降民在楚人的威逼下修国门。孔子随行学生中有不少陈国人，他们都想回家探望，所以暂时在陈停留下来。《史记·十二诸侯年表》记载，孔子这次在陈住了半年以上。孔子也很可能在此期间得过一场重病，这也是孔子过陈为什么留居半年以上的原因。

孔子师徒再一次上路时，已经进入鲁哀公十年了。他们取道宋国西北边邑仪，受到当地人的热烈欢迎。仪的守边官拜会孔子时说：
"经过我们这里的君子，我都要拜见一下。"会见后，他出来对孔子的
学生们说：

"你们这些人怎么可能总没官位呢？天下无道的时间很久了，上
天会为你们选好位置的！"

孔子听完他的话，越发觉得自己境遇不佳。

此时，孔子得知自己生病了，子路要求为孔子的健康向神灵祈
祷，而且他病情危急时，子路还把学生们当作孔子的家臣，准备为老
师筹备丧事。

后来，孔子知道子路要为自己祈祷，便问他是否真有此事，子路
承认了。孔子不喜欢谈论鬼神，引述了《诔》文上的一句话"祷尔于
上下神祇"，以说明向神灵祈祷是可以的，但孔子后来得知子路曾把
他的师兄师弟当作家臣筹备丧事，不禁责备子路说：

"仲由这么干有很长时间了。我本来没有家臣，为什么要把你们
当作我的家臣。要我欺骗谁？欺骗上天吗？我与其死在家臣之手，不
如死在你们学生身边好。我死后不能大葬又有什么，难道我会被弃于
路边吗？"

后来，孔子师徒自仪赴卫。仪卫之间，须经蒲邑。蒲为卫国南大
门，南距仪邑百余里。由仪入蒲，卫都帝丘就遥遥相望了。

在卫出公即位之初就发生父子争国事件，剑拔弩张、兵戎相见的
势头已经有所显现。之后，晋国忙于国内日益激烈的宗派斗争，支持
蒯聩复国就搁浅了，故局势有所缓和。鲁哀公五年、七年，晋国伐卫
两次，但规模都比较小，没有大的进展。卫国在几位贤大夫的治理
下，与晋抗争，国内形势逐步稳定。

孔子刚进卫都帝丘，和平、安定的气息就迎面扑来。街道、闹市
繁华依旧。宫殿群也依旧雄峻、宏伟。故地重游，怀旧感在所难免。
卫灵公已经作古，蘧伯玉也已离世，这使孔子有些失落。他想去以前
住过的馆舍里寻找过去的影子，正遇上馆舍主人死去。孔子下车，进

去吊丧，痛哭失声。走出馆舍，孔子命子贡解下车旁一匹骖马，送给丧家。孔子说：

"我刚才进去哀悼死者，触动了我的感情。我不愿只流泪而没有别的表示，快送去吧！"子贡照办了。

孔子返卫之前，子路曾就卫国政治问题问过孔子。孔子当时提出"正名"。所谓正名就是端正名分，做到"君君，臣臣，父父，子子"。卫国出现父子争国问题，"正名"是一个十分敏感的焦点。卫出公和其父蒯聩，都不能接受这种正名理论。把"正名"作为在卫从政愿望的孔子，自然不会受到重用。因此，卫出公和卫执政孔文子对孔子始终未委以重任。

孔子至此也不再以从政为第一目标，而将文化学术生活列为生命中的重点。弘扬传统文化的使命感促使他在晚年把《诗》《书》《礼》《乐》和其他要籍整理出来。所以他才会在归鲁后完成对"六艺"的全面整理。"六艺"中，礼制礼俗以及礼所体现的人情道德的是孔子一生都在关注的重要课题。因此，此次居卫，孔子和学生们继续从事相礼，考察民间礼仪。卫大夫司徒敬子死了，他亲任礼相。子夏、子游也去吊丧。孔子有一次观察民间葬礼时，发现送葬者的表现有高出仪节的东西，要学生们好好观察。子贡请求解释，他回答说：

"那孝子在送柩时，就像孩子追赶父母一样哭着、叫着；亲人下葬后，孝子又担心亲人的神灵是否跟他回来而迟疑不前。"

子贡说："这样迟疑，跟回家准备安神的虞祭相比，还是后者好吧？"

孔子说："可是他这种表现，连我都做不到呢！"

后来，子夏、子游等人主持相礼，跟从孔子在卫国时的实际相礼知识全都用上了。

孔子返卫一年多的时间里，鲁国、卫国都有一些重大事件发生。正是这些事件促使孔子回到自己的故国。

孔子返卫不久，冉求应召归鲁。起用冉求，与当时鲁国国情有关。

鲁与吴签订城下之盟以后，齐国大为不满，所以鲁齐两国的关系日趋紧张。在政治军事都很紧张的前提下，鲁政府亟须征用人才。一二年前，子贡、有若在对吴斗争中表现突出，所以季康子认为孔子的学生中确有能人，又得知冉求有管理能力，于是向他发出邀请。孔子很高兴，也加深了回归故国的想法。因此，子贡在冉求临行前，特意叮嘱他从政后，要尽快从中周旋孔子回国之事。

冉求是鲁国人，字子有，小孔子二十九岁。

冉求多才多艺，是政治、军事才能最杰出的孔门弟子之一。孔子很欣赏他。孔子说："千室之邑，百乘之家，求也可使治其赋。"

冉求做事总是退让，孔子激励他要勇敢。冉求曾对孔子讲："我不是不喜欢您老人家的理想和主张，只是我没有那个能力！孔子告诉他说："力量不够的话，会半途而废。但你的问题却在思想上。"冉求终究不愿忤逆当权的季氏，实施孔子的政治主张，但他仍是孔门最杰出的政事弟子之一。

冉求回到鲁国，受到季康子信任。鲁哀公十一年（公元前484年）春，齐师讨伐鲁。冉求代表季康子率领左师，孟孺子泄率领右师，在郊外大战齐军。战斗中，孟氏所率右师战败；左师因为冉求任用樊迟，兵将全用长矛主动冲击齐师，因而取得胜利。战斗结束后，季康子问冉求，他的军事本领是从哪里学的？冉求告诉季氏，自己的老师是孔子，并乘机把孔子赞美一番，说：

"任用孔子不但会带来声誉，而且益于百姓，鬼神也会同意。他老人家确实有真才实学，如果他像我一样只会一点军事本领，那给再多的钱，他也不会来的。"

"我想招聘他，可以吗？"季康子问。

冉求说："想招聘他，就不要听信小人的话。"

季康子准备不久就派人迎请孔子。

齐鲁交战的消息传到卫国，孔子称赞冉求能想到用长矛攻敌是符

合"义"的，但处在右师的鲁贵族公叔务人和他的未成年的嬖僮汪锜献身沙场了。按古代礼制，未成年人安葬只能用规格较低的殇礼，但鲁国对汪锜同对公叔务人一样，都用成人丧礼殡葬。孔子高度肯定这种做法，鼓励人们不应受古礼限制。

之后，子贡也回到鲁国，参加鲁哀公十一年（公元前484年）五月举行的吴鲁之会，商讨如何征齐。五月二十七日，吴鲁联军与齐在艾陵大战，齐师大败。齐国的国高等五名大夫被抓，革车八百辆全是战利品。

此时，卫国执政大臣孔文子和他的女婿太叔疾发生内部纠纷。孔文子要火拼女婿，并就此征求孔子的意见。孔子听了很不高兴，用他过去回答卫灵公的话答复他：

"祭祀方面的学问，我会一些；军事方面的东西，我不懂。"

说完退下，命人套马车：

"鸟能选择树木，树木哪能选择鸟？"

孔文子阻止孔子，说自己不是为了解决私怨，而是防止卫国出现祸端。孔子因此没有走，孔文子也没有攻打太叔疾。

这时，季康子派来的使臣公华、公宾、公林等人到了。他们的到来是孔子最为盼望的。

至此，孔子不再迟疑，率领学生们随同来人回到鲁国，长达十四年的周游列国画上了句号。当时已是鲁哀公十一年冬，孔子已经六十八岁了。

第七章　鲁国"国老"

一、时事政见

孔子一行于鲁哀公十一年（公元前 484 年）回到鲁国。鲁国君臣和孔子留在鲁国的学生对他们的归来极为高兴，亲朋故旧和朝野人士纷纷登门探望，连日不绝。鲁国刚刚战胜齐国，城内洋溢着一种喜庆的气氛；人民的热情，因为孔子的归来又增加几分。对孔子来说，终于得以与家人团圆，与门生相聚，与故友重逢，再加上鲁政府的慰问，都使他感受到故国家园的温暖。眼前一景一物都会激起他对往事的回忆。孔子的住宅和庭院由政府和留居鲁国的学生们重新修缮、扩建过了。他过去在宅旁亲手栽植的桧柏，现在已是参天大树。只是他的夫人亓官氏已经病故，夫人生一子一女，孔子离家期间，她与孔鲤长期操持家庭生计，并抚育孔子之兄孟皮之子女，积劳成疾。孔子之女及孟皮一女，在孔子离开鲁国游历诸侯之前分别嫁给门人公冶长和南容。

孔子归鲁后，被国人尊奉为"国老"，但鲁政府并未给他政权，好在晚年的孔子不再追求入仕做官了。

不过，身为政治顾问，孔子可以享受退休卿大夫的待遇，偶尔也给当权者出谋划策，他还对鲁国内外的时事发表看法，更是集中反映了他政治信念的老而弥坚。

1. 批评"用田赋"

既然季康子派公华、公宾、公林三个人带着礼物迎回了孔子，那么就表明孔子有希望被重新起用。可为什么季康子最终也没有真正重用孔子呢？因为，在鲁哀公与季康子就国家大事跟孔子聊了几回之后，他们对孔子有了新的看法。

鲁哀公问孔子如何管理国家？孔子说在这个问题上关键是选择大臣。鲁哀公又问，老百姓要是服从国君，国君该如何做呢？孔子说：

举直错诸枉，则民服；举枉错诸直，则民不服。

也就是说想要让老百姓服从，君王就要重用正直的人，让正直的人压在邪曲奸佞的人之上，否则老百姓不服。

孔子的这些话可以说没有什么不对的地方。孔子所说虽然没有具体指谁。但人们都知道孔子讲问题是有很强针对性的，这些话实际上是有所指的，所以孔子只要议论政事，十有八九会得罪别人。

在他这次答哀公问中，一如既往地显现出他一贯的政治主张。孔子特别强调人本身的因素，尤其是执政者个人的品德和修养在政治中的重要地位。

季氏"用田赋"与当时的战争密切相关。鲁对齐之战胜利后，国内一派欢庆。季康子与其他当权者相比，头脑清醒得多。他下令加强防务，说："小国战胜大国，这会惹怒大国，齐国会报复的。"这年冬天，他以此为理由，准备实施新的赋税政策，也就是"用田赋"。此政策是在鲁宣公十五年（公元前594年）"初税亩"和鲁成公元年（公元前590年）"作丘甲"的基础上制定的。"初税亩"是改进"使民以藉"的助耕法，是按田亩征税；"作丘甲"即以丘为单位，按田亩征收军赋。"用田赋"则是两者合一，把赋税提高一倍。这样做，除了可以保证日益繁重的防务需要，还可以增加当权者的财政收入和军事实力。季康子让冉求去征求孔子对此政策的看法。孔子不肯当即表态，推说自己不了解情况，冉求一连问了三遍，孔子也不说出真实看法。冉求说：

"您是国老，您的话起决定作用，为什么还不说话呢？"

孔子仍不回答。事后，他以师徒关系对冉求说：

"君子办事要守礼：施舍要以丰厚为标准，事情要做得中正，赋敛就要做到微薄。如果这样，以前实施的丘甲法就够了。如果不根据礼法办事，则按田亩征收赋税还是会再颁布新税法的。季氏如果想守礼法，那以前周公的典章还在；如果想不守礼法，问我又有什么用？"

孔子这个人就是主张薄赋，反对重税。只要符合这一原则，新政策与否都不重要。在他看来，周公时代的税收，人民负担较轻，应当推行；后来的亩税、丘甲制，也可推行；现在季氏要把赋税提高一倍，人民如何承受，理由再正当也是不可以的。

季康子没有按照孔子的意见办理此事，在鲁哀公十二年（公元前483年）春颁布了新的田赋政策。冉求推行新政认真、负责，季氏得以更多地敛财。孔子气愤地向学生们说，冉求不是他的门徒，"小子鸣鼓而攻之，可也"。

冉求向孔子解释说："您的主张我同意，可是我没有力量去阻止啊！"

孔子说："力量不够的人，事情做到中途就做不下去，你是根本不准备做！"

就此事而言，人民压力确实过大，但军赋是保卫国家的，不可缺少；但有人认同孔子的观点，认为统治者漫无节制地对财富的贪欲和追求是错误的。总之，这都不重要，重要的是孔子表达的是他的仁政主张。

在统治者与百姓的关系问题上，孔子的主张是保守的。在教导自己的学生时，孔子也坚持这一点。

孔子论政本着施民以惠，"惠者，政之始也"的立场。

孔子认为"博施于民而能济众"是仁政的佳境。然而，孔子对政

治的认识并非停留在行政事务主义的观点上。从他的仁政主张来看，孔子是在更深刻的意义上从统治者与对百姓进行道德教化的层面上看待政治本质的。

2. 对季氏欲伐颛臾的批评

颛臾是位于季氏的费邑西北五十余里的一个古国，在今天的山东平邑县境，春秋时是鲁的附属国。季康子想要攻打颛臾。冉求、子路为此会见孔子。孔子说，颛臾是前代君王封做东蒙山的主祭，颛臾就在鲁国国境内，臣服于鲁，攻打它又是为了什么呢？冉求说，这是季氏的主意，他和子路不同意攻打。孔子责问他们为什么不阻止。冉求说，颛臾城墙牢固，紧邻费邑，占领它，就不会给子孙留下祸患。孔子不满意这种解释，于是讲了下面一番道理：

"冉求！用言辞掩饰贪心是君子所厌恶的。我听说治理国家的诸侯大夫，不担心财富少，唯恐分配不均；不担心人口少，唯恐社会不安定；如果财富均匀地分配掉，就不觉得穷困；大家和睦，就不认为人少；境内安定，国家就太平。能做到这些而远方的人们还不臣服，那就加强政治教化，吸引他们。他们来了，就使他们定居住下。如今仲由、冉求辅佐季氏，远方的人们不肯臣服，你们也不去吸引他们；国家分崩离析，却不能保持统一，反而要内部征战。我看季氏的忧虑不在颛臾，而是萧墙之内！"

萧墙是国君宫殿内的屏风，也就是暗指国君。孔子认为，季康子进攻颛臾，是怕颛臾与鲁公室联合起来对付他个人，所以要先一步下手。孔子的猜测是不是季康子的真实想法不重要，鲁公室与季氏之间存在深刻矛盾才是事实，这正是孔子担心的。在"三桓"专国、公室卑微的情况下，孔子希望自己的学生能代替自己，抑私家张公室，恢复国家权力的真正归属。

孔子在批评"用田赋"时提出了"均富"的主张。他认识到贫与富的相对性，以为平均财富，就没有穷人。他提出财富分配不均是社会冲突的起因，这是有积极意义的。这种"均富"思想有抑制私人经济增长的倾向，无益于当时社会经济的发展。"均富"也是一种"救世"，它对后世在解决社会不平等问题上有启发性的指导作用。

3. 仁政理念

鲁国从鲁哀公十二年起，蝗灾、旱灾、粮荒接连四年发生，季氏又制定"用田赋"压民，弄得民不聊生，社会大乱。鲁国统治者开始害怕了。季康子亲自向孔子请教如何制止盗贼的问题。孔子大胆地对他说："如果您不贪心，别人就不会偷盗了"。

鲁哀公就国民经济不前进，国家费用不足的问题请教孔子的学生有若，有若说："实行十取一的税法好啦。"哀公说："十取二还不够用呢，再少更不够用!"有若说："百姓富足，您就会富足；百姓不富足，您又怎么能富足呢?"

孔子归鲁后，国内政治给他的第一印象就是季康子加收赋税的一系列负面后果。孔子的心被深深刺痛了，他又一次深刻体会到当权者不仁对百姓的危害，所以同季氏和鲁侯的多次谈话中反复强调这一点。有一次，季康子问政，他脱口说："政者，正也。您带头端正自己，谁敢不效仿?"

季康子又一次问政于孔子，问杀掉坏人、亲近好人可行否? 孔子立即驳斥道："您执掌国政，为什么想用杀人的办法? 您想行善，民众就会行善。当权者的行为像风一样，民众的行为像草一样。风往哪边吹，草往哪边倒。"

后来，季康子问："让百姓认真工作、相互督促，应该采取什么办法?"孔子说："您对待民众的事情像自己的事情一样认真，他们对您的命令就会认真；您尊老爱幼，他们就对您尽本分；您提拔好人，教育能力差的人，他们就会相互监督，做到尽善尽美。"

这就是所谓的人治或贤人政治。可见，执政者个人的品行对政治起决定作用。这种观点很明显地看重统治者个人道德人格的力量，把

复杂的政治问题看得很简单。孔子强调执政者一定立身要"正",特别是在民众缺乏民主、权利要求的意识时,统治者的行为更会成为一种强有力的舆论制约。统治者是民众的表率,其修身正行的意义不仅仅是自我完善,其在政治上的"进取"的意义是显而易见的。但是,不要忽略一个真正出色的政治家在其政治生涯中作为一个领袖、模范的作用。与此同时,民众需要对其政治效果保持参与的心态。

孔子的政治言论主旨在于政治关系与政治实施过程中,也就是当权者和民众间的道德感化关系及具体做法。

当孔子提倡政治关系应该是一种道德教化关系时,他停留在政治规范理论的理想主义层面上。孔子不是让统治者放弃权力、权位,也不是想启发民智,也就是"民可使由之,不可使知之"。但道德的教化关系却提醒统治者以民众的利益为政治核心,即"因民之所利而利之"。孔子的仁政理念中,这是最辉煌的亮点。

孔子认为,政治的问题说到底也就是人的问题。人的根本在于有道德感,执政者是社会生活的核心,是全国人民的典范、肩上责任重大。执政者首先要完善自身的道德人格,这样才能用行动感化他人,走向道德人格的成熟。这就是"己欲立而立人,己欲达而达人"的仁道。

然而,政治关系如果按孔子的理解,那么政治关系与秩序就应按照人际准则规范个人行为,政治同时包含度人的使命。据《大戴礼记·哀公问》:

孔子侍坐于哀公。哀公曰:"敢问人道谁为大?"孔子愀然作色而对曰:"君及此言也,百姓之德也,固臣敢无辞而对。人道,政为大。"公曰:"敢问何谓为政?"孔子对曰:"政者,正也。君为政,则百姓从政矣。君之所为,百姓之所从也。君所不为,百姓何从?"公曰:"敢问为政如之何?"孔子对曰:"夫妇别,父子亲,君臣严。三者正,则庶物从之矣。"公曰:"寡人虽无似也,愿闻所以行三言之道。可得而闻乎?"孔子对曰:"古之为政,爱人为大;所以治爱人,礼为大;所以治礼,敬为大;敬之至也,大昏为大;大昏至矣!大昏既至,冕而亲迎,亲之也。亲之也者,亲之也。是故君子兴敬为亲,舍敬是遗亲也。弗爱不亲,弗敬不正;爱与敬,其政之本与?"……孔子遂有言曰:"……为政先礼。礼者,政之本与!"

　　西周以来,把礼定为治国之本,而且这种治国理念已成为传统治国理念。孔子不仅继承了周礼,还特别想把周礼发扬光大。孔子讲人道政为大,政之本在礼。可见,"为政先礼"是为政者遵循的纲常伦序,又是人道精神得以传播的最佳途径。礼作为人际行为的规范和社会政治等级秩序的规范,社会作用之大,超出一般为政者的想象。孔子"正名"之意亦在此。"礼之用,和为贵",这是说当礼治有效地促进了各色人等之间安分守己、交往友善时,礼治实现了它的功能。因此,礼治实际上是赋予了政治一种平等、友爱的精神。孔子的礼治主张,赋予政治贯彻社会生活规范的职责,以实现社会政治等级秩序的安定与和谐。政治的本质不是权力角逐或利益竞争,而是道德约束。政治是在礼的规范下道德地生活。

　　孔子倡导仁者为政,因为他们的"道之以德,齐之以礼"可以指引人们走向"有耻且格"的道德范畴。孔子讲的富民教民,不是以经济的发展和社会的进步为手段的。"上好礼,则民莫敢不敬;上好义,则民莫敢不服;上好信,则民莫敢不用情。"可见政治成为一种权威导向。孔子曰:"为政以德,譬如北辰,居其所而众星共之。"为政者是仁德的统治者,那他一定会赢得民众的拥护。

　　在孔子看来,实行廉政的关键是要举用正直的人。只有通过他们才能抑制和影响邪恶之徒。

　　孔子希望自己走仕途的学生们能在知人善任方面有所作为。冉求

刚做季氏宰时，孔子就叮嘱他要用贤才。冉求问："怎样知道谁有贤才呢?"孔子说："起用你了解的，那些你不知道的贤才，别人也不会埋没他们!"宓子贱听完孔子的叮嘱，在任单父宰时，举用五位比他贤明的人，并把他们当作老师，请教为政之术。孔子赞赏他在政治方面做了一件大好事。宓子贱听从孔子的话，坚持举贤授能，考虑百姓得失，单父得到治理，民众都拥护他。孔子感叹说，如果让宓子贱治理一个大地方，那就好了。

孔子晚年积极向政府推荐自己的门生。他曾向孟武伯介绍，子路适合做国家军政工作，公西华适合从事国家外事活动，他们从事政事都能胜任。由于孔子积极推荐，加之政治上的需要，孔门弟子在鲁任职者增多：除冉求继任季氏宰、子贡继任外交官、宓子贱任单父宰以外，子游任武城宰，子夏任莒父宰，公西华出使齐国。他们任职期间都做出不错的成绩，特别是宓子贱，最受孔子欣赏。孔子也不认为做官是他的学生们唯一的一条好出路。如果学问好，做些文化教育方面的工作，也是值得嘉许的。颜回、漆雕开、闵子骞拒绝任职邀请，不走仕途，孔子同样称许。颜回归鲁后也开始授课教徒，就是孔子鼓励的结果。

但孔子也看到这些弟子经验不足，考虑问题较片面，常常尽力辅导他们。子张学道，注重宏观价值而好高骛远；子夏心思细腻，注重眼前功利。所以，孔子说："师（子张）也过，商（子夏）也不及。"并说，"过犹不及。"过和不及都偏离中道，全都欠妥。子夏做了莒父宰后，就政治问题请教孔子，孔子当然有针对性地回答，说："无欲速，无见小利。欲速则不达，见小利则大事不成。"这是孔子在告诉弟子要在政治上有实现仁义的志向，不要看重眼前小利放弃对长远目标的追求。区分君子与小人的重要标志之一就是：

尔为君子儒，无为小人儒!

由此，孔子认为儒也有君子、小人之分。可以说，孔子这句话，是他给所有远近门生的一条遗训。

执政者向孔子咨询了一系列问题，全都带有试探的性质。孔子毕竟在国外周游了十四年，他们对孔子的为人没有直接的感受。而孔子的回答，使他们心里很不舒服。执政者当然不想让一个开口就训诫自己的人左右自己。

至此，孔子从政的愿望被他自己彻底毁灭了。国老这一荣誉称号，是当权者对他最大的尊重，这只是把他养了起来，没有任用他。司马迁在《史记》中写道："鲁终不能用孔子。"

二、中庸思想

1. 宽猛相济

"堕三都"的失败和"堕三都"导致的十四年流浪生涯，对孔子后期思想的形成起到决定作用。各国社会矛盾和政治斗争，孔子见到、听到的太多了，他认为有必要、有义务确定一种使对立双方协调发展的理论基础和行为准则。这样，他把自己这一理论原则概括为"中庸"。

"中"是孔子的哲学用语，意思是矛盾双方相互依存所表现出来的"度"。"庸"通"用"，中庸也就是以中为用。把矛盾相互对立或相互依存所遵循的"量"的规定性把握住，使对立双方在一定限度里发展起来，而且是统一、协调地发展，这就是中庸的含义。

孔子中庸思想的理论是建立在物质世界的对立双方相互依存和相互转化的基础上的。这一思想是对西周末年"和同"问题深入思考的

结果。孔子认为只注意事物之间可否相济还是不够的，为了保证事物稳定发展，防止其转化，还必须考虑到事物相济所表现出来的度，即"量"的规定性，这即为"中"。"中"的把握决定矛盾双方在相互联结的状态中发展是否协调。孔子的中庸境界就是如此。

矛盾具有相互排斥、相互斗争和统一的特性，斗争的结果会导致矛盾的转化。矛盾的斗争性，不是孔子的中庸思想看重的，而矛盾的转化也是孔子竭力避免的。所以中庸具有狭隘性。但矛盾的斗争性与其统一性不可分割，在它们相互联结时，对立面的相互排斥才能实现；在一定条件下，矛盾相互转化；条件不具备时，为了保持事物的稳定性，矛盾转化也可制止住。所以，探讨矛盾双方相互依存以及维持这种关系的奥秘，无疑具有重要价值。孔子的中庸理论之所以伟大，原因也在于此。

孔子的中庸理论，是规范人的思维的，是一种思维方式。它的本质是不要走极端，恰当使用事物的"度"，这就是辩证思维。

孔子认为，思想偏激，看问题不是过头就是触摸不到本质，怕这怕那，总不能适中，不够"中庸"。

中庸这种思想方法，是孔子在实践中总结出来的。中庸思想，适用于君臣关系、官民关系、国际关系等，个人的道德修养也适用。

在君臣关系上，孔子提倡加强君权，同时要尊重臣权，这两者是统一的。加强君权也就是"礼乐征伐自天子出"，各诸侯国的国君要位于领导地位。孔子反对君王专权，君王虽位高权重，但臣也不能唯命是从，这就涉及尊重臣权。尊重大臣们的国事议决权，大臣对国君有义务指正其错误，这就是尊重臣权的内容。臣子要珍惜自己的权力，不要滥用。总之，君与臣是对立的统一。君领导臣但要接受臣的监护，臣拥护君但不过高地吹捧君，过低地压制君，双方都在限定内相互依存。

孔子在官民关系上支持郑子产的宽政猛政相济的策略。子产病危时嘱咐继任者子大叔说："有德的人能够以宽政服民，政猛不如宽政。

火，人人害怕，故死于火者少；水不让人害怕，所以随意下水玩耍的人多，溺于水者多。所以实行宽政更难。"子大叔后来执政时厉行宽政，结果国内盗贼越来越多。子大叔发兵攻打盗贼，民风又正了，孔子评论此事：

> 善哉！政宽则民慢，慢则纠之以猛；猛则民残，残则施之以宽。宽以济猛，猛以济宽，政是以和。

孔子在这件事上把官与民看成对立的统一，认为民众违背政府，政府整治民众都会破坏这种统一。所以执政者要依照各国实际情况，宽政、猛政结合使用，在宽猛相济的矛盾运动中把握中庸尺度，妥善处理政府与民众的关系。

孔子的中庸之道，对于如何处理好各诸侯国之间的关系也极为重要，社会安定就是依赖于国际关系的稳定。在孔子看来，在王室衰微，各诸侯国争霸，周天子形同虚设的情况下，由大国诸侯主持诸侯盟会，组织诸侯尊重周天子切实可行。所以，孔子对管仲相桓公，齐桓公称霸诸侯予以很高的评价。盟主与各诸侯之间的交往，应该恪守信义，坦诚相待，不搞阴谋诡计，以大欺小依强欺弱更不可以。春秋时最有影响的两位霸主是齐桓公和晋文公。孔子认为"晋文公谲而不正，齐桓公正而不谲"。晋桓公九合诸侯，不以兵车，全天下的人都相信他，所以说他"正"；晋文公不重"信"，玩弄权术，所以"谲"。正而不谲，不互相欺骗，才能同舟共济；谲而不正，则会分崩离析。所以孔子要求诸侯对盟主、小国对大国，不仅仅要合作，还要敢于批评、不接受其不正当行为。春秋平丘之会，郑子产不畏强国晋，晋的不合理的军赋摊派被郑子产拒绝了，故受到孔子称赞。总之，通过对盟主和大国不合理要求的限制，诸侯国之间的关系既维持了原有的领导中心又不影响各国独立发展。

孔子的中庸思想是要求肯定的规定汲取其否定的规定，用后者限

制前者，保证整体上的稳定发展。孔子这一原则，在政治思想、道德修养等方面都通用：

> 贫而乐，富而好礼。
> 君子矜而不争，群而不党。
> 学而不思则罔，思而不学则殆。
> 子温而厉，威而不猛，恭而安。

这些都是反映中庸思想的警句，也是矛盾的一方对另一方的限定或修正。这种作用所表现出来的分寸，与孔子向往的"中"是等同的。

这种"度"或"中"，是把握事物相反的两个极限，取它们的中间状态，两个极端都不走，这就是孔子强调的"过犹不及"。孔子的门生也就这个问题请教过他。

孔子把中庸界定为不走极端，把握行为尺度适中，情感的表达能够依照礼节，处理问题的态度不偏激等。所以，中庸是一种态度，是一种常规，是一种原则，这也是做人所必需的要求。孔子说中庸是一种德，而且是难能可贵的好品德。

"中"在社会中的实际表现为礼。所以孔子从"中"的理论发展出"礼"的理论。因为孔子把"礼"看成是社会关系的准则。"中"在社会关系中，须以"礼"为内涵。这样一来，"礼"在中庸的行为规范里，上下尊卑及上下尊卑的品格都将存在，对立双方因此受到节制、调和。孔子认为"礼"不以划分社会等级为唯一目的，上下尊卑之间礼让更重要。礼让才会产生友好。有若说："礼之用，和为贵。先王之道，斯为美。"人伦关系更加和谐，这就是"礼"最宝贵的实用价值，贤人政治追求的也是这种境界，但差别不会消失，"礼"所规定的君臣之义和上下之别永远存在。这种差别应保持在不影响对立双方相互依存的原则下。所以，有若接着又说：

"知和而和，不以礼节之，亦不可行也。"有若是孔子后期门生，因总结阐发孔子教义的能力强，其他师兄弟非常尊重他。因此，他的话大致就代表了孔子。战国后期，荀子的"礼"论只限在尊卑上，当时统治者建立、巩固新的等级制度，尊卑之义是急需的。但它不完全符合孔子的教义。孔子后期有时礼乐并用，侧重于用艺术感染力促进感情交流和缓和气氛。礼乐并用，就是以乐济礼，使两者相融合。

中庸要求的和谐就是仁。它对礼的影响，是对孔子礼论的进一步深化，是在仁之后的探索。如果把仁引到礼的层面上，使礼摆脱对神的崇拜而获得自己的实用理性，那中庸则把这种理性归为协调社会关系的总体结构，以去显现它的价值，通过它对矛盾各方的节制，使社会更好地向前发展。

2. 尊五美，屏四恶

孔子的中庸之道，用在治国方面，有"尊五美、屏四恶"之说。

子张问于孔子曰："何如斯可以从政矣？"

子曰："尊五美，屏四恶，斯可以从政矣。"

子张曰："何谓五美？"

子曰："君子惠而不费，劳而不怨，欲而不贪，泰而不骄，威而不猛。"

子张曰："何谓惠而不费？"

子曰："因民之所利而利之，斯不亦惠而不费乎？择可劳而劳之，又谁怨？欲仁而得仁，又焉贪？君子无众寡，无小大，无敢慢，斯不亦泰而不骄乎？君子正其衣冠，尊其瞻视，俨然人望而畏之，斯不亦威而不猛乎？"

子张曰："何谓四恶？"

子曰："不教而杀谓之虐；不戒视成谓之暴；慢令致期

谓之贼；犹之与人也，出纳之吝谓之有司。"

《论语》记载孔子的政治言论都非常简洁，可以说这一次是最完整的。"惠而不费""劳而不怨""欲而不贪""泰而不骄""威而不猛"等九条命题都在这段谈话中体现出来。这些命题中有些是从两面立论，不忽略它的利与弊，兴其利而防其弊。"中"在掌握利、弊的分寸中得以显现。他力图用"中"之道寻找新的治国方针。这九条命题分别涉及经济、政法、教育、道德等方面，是为政者的行为指南。其中有些主张同以前变化明显。

如"惠而不费""劳而不怨"，是讲经济方面的惠民政策。"因民之所利而利之""择可劳而劳之"是具体做法。邢昺疏云：

> 民居五土，所利不同：山者利其禽兽，渚者利其鱼盐，中原利其五谷。人君因其所利，使各居其所安，不易其利，则是惠爱利民在政，且不费于财也。……"择可劳而劳之"，谓使民以时。

惠民之道，不是让政府白白养活百姓，而是给百姓宽松的政策，并把徭役放在非生产季节，让人民安然接受。这样，广大人民生活有保障，政府也可高枕无忧。国家公役对于百姓来说，是心甘情愿去完成的，他们不怨恨政府，"欲而不贪"，做到这些，就是仁政。这样，就引出"欲仁而得仁，又焉贪？"。政府施仁，政府也会从中得到好处，这并非贪。这种使广大人民普遍受惠的仁政，就是"博施于民而不能济众"。子贡曾经问孔子："给百姓广施恩泽算得上是仁吗？"孔子说："何止是仁，简直称得上圣，尧舜也做不到啊！"孔子认为政府这样做要付出的财政经费太多，当权者不能接受。但现在孔子已发现可让政府和人民都能满意的好途径了。

"不教而杀谓之虐"等命题是孔子劝说当权者的，大意是说，不进行德化教育，喜欢杀人的执政者，叫作虐；不说明意图却责怪别人没做好的执政者，叫作暴；刚开始荒于政事，后来突然限期完成，叫作贼；答应了的事，又变主意了，叫小家子气。罚与教、罚与赏赐等问题在这几个命题中全都淋漓尽致地显现出来了。孔子主张厚赏，当权者出手悭吝当然受他批评，而且在他看来是"四恶"之一。在罚与教的问题上，孔子不赞成一味使用惩办手段，主张把惩办同教育结合的办法。教，包括法令教育，目的是让人们明确有关规定。如果不这样，那执政者就是实行惩办，主张虐政、暴政和贼人之行。孔子的主张显然是除不教而惩之弊，兴教惩结合之利，使二者互为补充。孔子提倡把教育摆在首位，显然是承认公布法律非常有必要性。要知道，这与当时孔子对晋"铸刑鼎"的批评态度相比，变化巨大。各国花样繁多的法律制裁和社会犯罪让孔子感到反对制定、使用酷刑还不够，还要加强法令、法律方面的教育，免得民众由于不知法而犯法。

"泰而不骄""威而不猛"，这是对为政者的作风要求。孔子这两个命题是说，无论人数和势力的大小，不摆官架子，态度和蔼，这就是"泰而不骄"；衣冠整洁，举止庄重，能够让人尊重，但又不借势压人，这就是"威而不猛"。以"不骄"限定"泰"，以"不猛"限定"威"，做事到位，就是符合中庸之道。为政者如真能如此，那么无疑是要他们持有政府权威、平等待人的双重政治风范。这种风范同九种命题加在一起，就是"尊五美，屏四恶"。

3. 正名

正名是孔子返卫前同子路就如何治理卫国问题开展讨论时提到的。子路问孔子返回卫国后，卫君如果用孔子来治理卫国，那孔子准备先做什么？孔子回答子路："那一定是正名吧！"子路说："您怎么这么迂腐啊！这有什么要正的呢？"孔子责备子路太莽撞，没有弄懂他的意思就乱说话，所以进一步解释了自己的用意：

名不正，则言不顺；言不顺，则事不成；事不成，则礼
乐不兴；礼乐不兴，则刑罚不中；刑罚不中，则民无所措手
足。故君子名之必可言也，言之必可行也。君子于其言，无
所苟而已矣。

名在此是指事物的名称，正名是把名称概念澄清。孔子还有更多
的意思包含其中，比如说名分，也就是人的社会地位和身份。名分要
用称谓来体现，二者有其形式的一致性。人的称谓，同时表现出了人
在社会中的地位和身份。名分的社会属性实际上包括道德内涵。这种
内涵即人在社会关系中肩负的道德义务，名分决定道德义务的范畴。
所谓君贤、臣忠，父慈、子孝，兄友、弟恭正是如此。正名，就是纠
正名所包括的道德内涵。

在孔子看来，正名已到了刻不容缓的时刻。他认为造成社会动乱
的原因，是无视名分道德要求的人越来越多。正名可以使社会中的每
一分子，尤其是国君和执政者，按照名分内涵之道德义务做好自己的
事，实现国治民安。

首先，由于名分与名称相统一，孔子很自然地从人的名分问题考
虑到名称概念，所以提出"名之必可言也，言之必可行也"，指出了
概念、判断、行为的指导作用。孔子没有明确谈概念与物之间的相应
关系。在他谈论名时，要求端正名分的道德内涵，本身就已触及后世
论名实关系时所谓"名者正形""实不得延名"这一面。这是孔子引
发后人去思考的正名逻辑。

孔子一直试图把正名与政治上的正名相结合。"名不正，则言不
顺；言不顺，则事不成"的议论，就使二者相结合。正名是正政，正
政才能正名。因此，孔子的正名理论干预社会生活，强调通过人们的
言行把名分转化成现实中的正面形象。这一思想特征，深深影响了正
名逻辑思想。

振兴礼乐是正政的主要内容。孔子论正名特别提到礼乐，认为名

不正与"礼乐不兴"互为因果。所以正名为振兴礼乐之前提，礼乐之兴是正名的归宿。礼乐，在此并非指一般文化形式的礼乐，而是对上下有别而又和乐融洽的中庸政治的一种表述。正名与礼乐的关系，也是正名与中庸的关系。通过正名，全体社会成员严守其道德规范，明确什么是该做的，什么是不该做的。

孔子认为礼乐与刑罚的关系是以礼乐为刑罚之本，"礼乐不兴，则刑罚不中"。孔子认为礼乐是体现国家基本政治制度的，具有国家大法的权威。刑罚是确保礼乐得以实施的手段，理所当然地要从属于礼乐。承认社会上的成员有地位差别，但同时提倡人际和谐，这就是礼乐政治的基本精神。刑罚措施也应有益于社会安定。因此，用中庸之道制定实施刑罚，也很必要。这样，人们既以刑为戒而又不受滥刑之苦，从而心适自安。

4. 君子三道

在孔子提倡的君子人格论中，仁是格外强调的。随着他的社会经历和思想的不断深入，他发觉君子做到仁、智、勇的统一才是最重要的。智，指通晓事理的才能，能提高人们对仁的认识。孔子说"智者利仁"，就是这个意思。"好仁不好学，其蔽也愚"，是说才智可以通过学习得到；只好仁不学习的人，会缺乏思想，让人欺骗。因此，仁应以智作为补充。勇实则为勇敢，"仁者必有勇"，勇和智一样，结合仁才是最佳状态。无所畏惧，仁才能在同不仁的斗争中实现。在孔子看来，仁、智、勇结合可以造就完美的人。因此，仁、智、勇被孔子称为"君子三道"：

> 君子道者三，我无能焉；仁者不忧，智者不惑，勇者不惧。

仁者胸怀宽广，博爱众生，不会有烦忧；智者明辨是非，不迷

惑；勇者刚健自强，知难而进，不畏惧。这三者正是孔子所追求的。但是，周游列国时的种种遭遇，使孔子也陷于对三者的困惑之中，他不能摆脱这种情绪，所以会有"乘桴浮于海"和"居九夷"的喟叹。"我无能焉"！他认为自己没有做到不忧、不惑、不惧，所以就是没有做到完全的仁、智、勇。但孔子毕竟是一位积极人世论者，他善于反省自己，能够克服不好的情绪，恢复乐观态度。"天下无道"的时代危机时时在鞭策着他。他也教导门生，引导他们树立远大志向，让他们也以恢复"天下有道"为己任。他说："与其进也，不与其退也。"这是他律人律己的基本态度。孔子是其学生的引航灯，学生们对他的话听之必从，他们一起共患难，肝胆相照。他的学生与孔子一起列为不朽之列，受到后人的无限景仰。

5. 最后的政治声音

鲁哀公十四年（公元前 481 年），齐国内乱，齐相陈恒弑君齐简公。孔子对违背礼制、犯上作乱之事十分痛恨，所以此事一出，就十分愤慨。于是，孔子斋戒沐浴后去朝见鲁哀公，请求出兵讨伐齐相陈恒。哀公叫孔子去禀告"三桓"，但"三桓"不肯出兵。事后，孔子私下说："因为我也算是大夫了，所以不敢不禀告这起严重事件。"

这可以说是孔子晚年在鲁国的最后的一次政治声音，微弱且无反响。这一年，孔子已经七十一岁了。

孔子生在周礼渐废的时代，"强者胜弱，众者暴寡，以兵相残，不得休息"。各诸侯国内部政治斗争不断，谁有兵权，谁就能赢得国内外政治势力，民众也会支持谁。孔子非常想恢复周礼，用原来的道德规范世人，恢复"礼乐征伐自天子出"的有道世界。孔子的这一政治思想不太符合当时的社会需求，所以希望落空是必然的。不过，就当时的时代背景而言，孔子的思想也是有积极意义的。诸侯国不齐心，四分五裂，大国家是各个小国家的集合，小国家随时造大国家的反，天下动荡不安。所以，孔子的思想有一定的影响。

孔子在回国之前还以为自己可以再重新从政，以实现自己的政治夙愿。可"鲁终不能用孔子"，孔子最终还是空欢喜一场。

孔子从二十多岁起就开始梦想从政。在五十一岁时官运亨通地做了四年官，中都宰、大司寇直至代理宰相，一路高升。但由于他的思想与最高统治者不符，所以受冷落也是一种必然。十四年的周游列国，虽一心从政，但结果一无所获。回到鲁国后，还是不得重用。难道孔子的政治生涯坎坷是因为他的思想保守，跟不上时代的需要吗？可当时的国君们、大夫们也不是改革家啊！

所以孔子的思想从整体上来看，不落于时代之后。他在当权者面前，知识分子气息太重，政治家的条件要相对缺乏。他把研究学问的态度用在处理政治问题上，事事论理，力求让权力在真理面前露出真实的面目，不顾政治只服从统治阶级的需要这一必然本质。孔子的君子人格论让我们认识了一个生性正直、道德观念强、鄙视小人的孔子，所以他与当权者不能深入地沟通。这种知识分子气肯定不能适合当权者的口味。他们不用孔子也是必然的。

再者，孔子是一个理想主义者，他的理论看起来符合统治者的长远利益，但统治者都是急功近利的，所以不会有耐心等待到孙子辈时才能实现的事。各国诸侯当时正在争霸，统治者需要立刻能实用的东西，孔子指出来的恰恰不是短时间内可完成的。而他自己的主张又太理想化了，听起来合乎道理，但不切合实际，在现实中不能行得通，是从理论到理论，所以他的主张不受当权者欢迎。

孔子的学说对统治者提出的要求又多又严，统治者如果按照孔子的要求去做，那不仅会成为一个君子人物，还会成为天下百姓的榜样，许多当权者当然一致反对他。他的学说中维护统治者长期统治的理论不少，但增加统治者个人眼前利益的就没有多少了。照顾老百姓的利益也是孔子一提再提的，这些都不符合统治者的要求。他们讨厌道德规范，因此也讨厌孔子。

孔子与统治者志趣不相投，与统治者的做人准则相去万里。古语

云："物以类聚，人以群分。"孔子与统治者根本不是同一类人。

这些问题，孔子不会意识不到。但他不改其志，不折其腰，坚定不渝地朝着理想迈进。他的这种精神，始终影响着后人。

第八章　整理六艺

　　中华民族的文明已经有五千年的历史了。据考证，自夏朝、商朝，文字典籍就已出现。当一个社会、国家处于向上发展阶段，统治者对典籍很爱护，视之为文化遗产并派专人掌管、使用。典籍不被当权者重视时，也就是国之将亡之时。此时，掌管典籍的大臣会将这些典籍送到太平的有道之国。《吕氏春秋·先识览》中说："凡国之亡也，有道者必先去，古今一也。……夏太史令终古出其图法，执而泣之。夏桀迷惑，暴乱愈甚。太史令终古乃出奔如商。……殷内史向挚见纣之愈乱迷惑也，于是载其图法，出亡之周。……晋太史屠黍见晋之乱也，见晋公之骄而无德义也，以其图法归周。"

　　西周时期，周公制礼作乐，并积累很多夏、商两代的文献，典籍种类繁多。周王室保存了绝大多数的典籍，诸侯国保存少部分。在诸侯国中，周公的封地鲁国典籍比较多。王室衰败后，周王室的典籍也逐渐流失。《左传·昭公二十六年》记载王子朝"奉周之典籍以奔楚"就是一例。夏、商灭亡之前，太史、内史携带图书出走与王子朝没有什么不同。司马迁在《史记·孔子世家》中所说的"孔子之时，周室微而《礼》《乐》废，《诗》《书》缺"正是当时的状况。周王室衰微，周天子地位难保，无暇顾及文化典籍。战乱纷纭，天下不太平，文化典籍随着社会的动乱而失散、破坏，更不会有所完善、发展。

　　孔子很早就立下搜集、整理文献典籍的志向，把弘扬传统文化作为自己的使命。归鲁被封为"国老"后，孔子的这种愿望更加迫切了。孔子从鲁哀公十年自楚返卫始，就进入了整理典籍的工作。第二年，全面展开整理工作。直至哀公十六年（公元前479年）去世，孔子前后

历时六年，都专心致力于其中。《诗》《书》《礼》《乐》《易》《春秋》都经过孔子的整理，这六种典籍，后世称为"六经"，亦称"六艺"。

对《诗》《书》《礼》《乐》的整理，孔子基本上是同时进行的。据《史记·孔子世家》：

> 孔子之时，周室微而礼乐废，《诗》《书》缺。追迹三代之礼，序《书传》，上纪唐虞之际，下至秦缪，编次其事。曰："夏礼，吾能言之，杞不足征也；殷礼，吾能言之，宋不足征也。足，则吾能征之矣。"观殷、夏所损益，曰："后虽百世可知也，以一文一质。周监二代，郁郁乎文哉！吾从周。"故《书传》《礼记》自孔氏。
>
> "吾自卫反鲁，然后乐正，《雅》《颂》各得其所。"
>
> 古者《诗》三千余篇，及至孔子，去其重，取可施于礼义，上采契、后稷，中述殷、周之盛，至幽、厉之缺，始于衽席……三百五篇，孔子皆弦歌之，以求合《韶》《武》《雅》《颂》之音。礼乐自此可得而述，以备王道，成六艺。

整理"六艺"的工作耗费了孔子大量的心血，是一项具有不可估量意义的文化工程。历史文献经孔子整理，从杂乱无章变为有序可循，成为古代文化成果的集大成。它们不仅深化了人们对传统文化的理解与反省的自觉程度，而且有利于祖先文化成果的保存和流传。

一、对《诗》的整理

我们现在可以看到的《诗》是经孔子整理的，至于孔子整理前的

《诗》，早已失传。那时的《诗》又称《诗三百》，"三百"当然只是一个概数。《诗三百》与今本《诗经》容量相仿。鲁襄公十年（公元前563年），吴公子札在鲁观《诗》，其编次今本大致相仿，从总体上看，二者没有什么出入。但孔子对《诗》的整理也是事实。孔子自己就说过：

> 吾自卫反鲁，然后乐正，《雅》《颂》各得其所。

《雅》《颂》是《诗》中两部分的名称，亦为乐名。古诗都是能唱的，诗、乐不分。自王官失守以来，古乐遗失，《雅》《颂》混在一起，许多诗对应的乐都找不着了。孔子正乐，不仅要修订声律，而且必须诗乐相配，雅、颂归位，恢复诗、乐相配的本来面貌。因此，孔子正乐，也包括正诗。

孔子对学《诗》非常重视，这一点对他整理《诗》起决定作用。《论语》中记载，他多次对他的学生讲述《诗》的功能，学《诗》的用处，强调学《诗》的必要性。《诗》之所以成为孔子当时教学教材之一，与此密切相关。

《诗》，又称《诗经》，是我国最早的诗歌总集。孔子为了教学方便，对凌乱的古诗进行删繁去芜，然后进行编选。《诗》现存三百零五篇，分为《风》《雅》《颂》三部分。《风》，也叫作《国风》，包括周南、召南、邶、鄘等十五个国家和地区的诗，民间歌谣占了半数以上，贵族作品也有少量，共计一百六十篇；《雅》又分为《大雅》和《小雅》，贵族作品占了半数以上，民间歌谣只有一些，共计一百零五篇；《颂》又分为《周颂》《鲁颂》和《商颂》，只有在贵族去宗庙祭神祀祖时才使用。它具有史诗的性质，共计四十篇。

春秋时期，贵族阶层喜欢断章取义地在外交场合用诗表达自己的思想。孔子编《诗》设教有三个目的：首先，丰富学生的社会常识和自然常识；其次，可以修身养性；再者，可以丰富学生的外交辞令。

既然《诗》在孔子之前就已经流传多年，那么《诗》最初是何时集结成册，整理者是谁呢？这已无法考证。《左传·襄公二十九年》记载，吴公子季札到鲁国访问，"请观于周乐，使工为之歌《周南》《召南》，曰：美哉！……"。显然，《周南》《召南》等诗歌的顺序，与汉代以后《诗经》的篇目编次大体一致。而这一年，孔子只有八岁，所以孔子整理《诗》的时候，在编排框架方面还是沿用前人的做法。

后人有的说孔子在整理《诗》的时候曾大量删诗，将三千余篇诗删去了十分之九，现存的仅是当初的十分之一。那么孔子到底删过诗没有呢？孔子没有删过诗。司马迁说："古者诗三千余篇"，司马迁没有说"古者《诗》三千余篇"，所以说三千余篇是孔子从许多不同抄本中的诗搜集到共计三千余篇。孔子整理《诗》的过程中，将他所掌握的重复篇目去掉了。凭孔子对古代文化的热爱，他把那么多的古诗都删掉怎么可能呢？如果孔子真的把三千余篇古诗大量删除了，那么那些被删掉的一定会在其他古籍中被大量引用的。但除《诗经》外，我们现在能见到的古诗很有限。唐代孔颖达说："如《史记》之言，则孔子之前，诗篇多矣。案书传所引之诗，现在者多，亡逸者少，则孔子所录，不容十分去九，司马迁言古诗三千余篇，未可信也。"清代崔述在《洙泗考信录》中也说："以《论》《孟》《左传》《戴记》诸书考之，所引之诗逸者不及十一……由是观之，孔子无删诗之事。"由此足以证明孔子在整理《诗》的过程中，绝对不曾删减诗篇。

但孔子很可能为了使《诗》更符合声律，适合咏唱，对其整理过的诗做过文字修改。《诗》是古代民歌和祭歌的精华，上自周初、下迄春秋的民歌、祭歌精华都收入其中，黄河流域、汉水流域人民有许多创作。因为人民中有贵族有平民，所以诗的创作语言和创作风格有显著不同，但现在见到的《诗经》各篇却保持惊人的一致性，不仅绝大多数是四言体，而且韵脚一致，许多诗的章次结构和叠韵形式也相似，这证明《诗经》是经过统一整理的。这份功劳首先要归于孔子。

　　孔子对《诗》做过整理，在有些诗的缀合上还留有痕迹，如《召南·行露》：

　　　　厌浥行露。岂不夙夜，谓行多露。

　　　　谁谓雀无角，何以穿我屋？谁谓女无家，何以速我狱？

　　虽速我狱，室家不足。

　　　　谁谓鼠无牙，何以穿我墉？谁谓女无家，何以速我讼？

　　虽速我讼，亦不女从。

　　南宋王柏的《诗疑》中，说这首诗的首章与后两章不连贯，句法亦异，认为前章是后加入的。也有人认为前章与后两章本为二诗，因内容相似才组合成一首诗。后两章是说女方拒婚，据《召南》各诗多以三章成篇的通例来看，确实缺一章。前章因缺文过多，已不明其原文为何。若以"谓行多露"比喻提防强暴，这首诗就勉强顺眼了。把两首不完整的诗按内容合二为一，这种现象只能是有意的缀合。

　　在《小雅·都人士》中，人为的缀合还有更明显的失败例子。但也有许多缀合成功之作，因为缀合得天衣无缝，后人不觉。进行这种缀合工作的人应该也有孔子，这从孔子与《诗经》的密切关系能判断出来。

　　今本《诗经》的编次与吴公子札在鲁观《诗》时相差不多，但还是有变化的。比如吴公子札见到的是豳风在齐风后，秦风又在豳风之后；后来却列豳风于国风之末，秦风在唐风与陈风之间。前者为传统编次，后者由孔子制订。

　　孔子对《诗》缀合、编次、文字修饰、配乐，做了大量的整理工作。《诗经》经孔子整理后，经弟子数代相传。荀子时，传授西汉鲁人毛亨，毛亨传授赵人毛苌。二人并称毛公，二毛训释之《诗》简称《毛诗》。《毛诗》得以传世，流传至今。

二、对礼的整理

整理"六艺"时，孔子虽对礼、乐也进行了整理，但礼和乐没有成书。礼在古代为史官所专，乐为乐师所掌。王官失守以后，礼、乐当然也就流散了。好在孔子从青年时代起就经常向史官、乐师请教。孔子把流散的礼搜集起来，并与夏、商、周三代之礼相比较后，系统地向门生讲授礼。这个过程其实就是整理。待到真正整理"六艺"时，孔子对礼的整理工作就非常顺利了。

孔子把他整理的礼分为丧、祭、射、乡、冠、昏、朝、聘等八种礼节。丧，顾名思义，也就是丧礼；祭是祭祀祖祢或天地神祇时使用的礼仪；乡，即乡饮酒礼，乡大夫在乡间举行尊贤养老的宴会时使用的礼仪；射，即乡饮酒或国宴之后举行的射礼；冠，即男子成年时举行的加冠礼；昏，即婚礼；朝，即君臣相会之礼；聘，即诸侯邦交之礼。这八种礼是古代社交礼节和行为规范之本。《礼记·昏义》说："夫礼，始于冠，成于昏，重于丧、祭，尊于朝、聘，和于乡、射，此礼之大体也。"孔子重视此八种礼，可从此找到原因。

孔子整理过的礼通过他讲课就传给了学生。《礼记·杂记》说：

> 恤由之丧，哀公使孺悲之孔子，学士丧礼，士丧礼于是乎书。

可见，孔子传授礼是有据可查的。《论语·阳货》中记载，说孔子开始不大喜欢孺悲，一次故意说自己病了拒绝见他。后来，孺悲还是从孔子身上将士丧礼承袭下来。子夏、子游、曾参等常问礼于孔子的人更是学到许多礼的知识，自然会将孔子传授的知识流传下去。孺悲受礼于孔子，证明孔子整理的礼，在他生前还没有合编成册，只能口头授受。战国时，孔子整理的礼合编成书。秦末战乱时，此书有所损失。汉初，高堂生传授《礼》十七篇，就是采用孔子整理的礼的战国版本之残本。汉人称这部残本为《礼》或《礼经》。因其中有关士礼的篇目较多，故又称《士礼》，东晋以后则称《仪礼》。汉景帝时流传一个传说，说鲁恭王拆毁孔子故居时，从墙壁中发现一批古籍，关于礼的文章有五十六篇，但这些古籍后来又流失一部分。

《礼记》《周礼》与《仪礼》同时传世，这三种合称"三礼"。《礼记》又分戴德及其从兄之子戴圣编辑的两种版本。戴德辑文八十五篇，人称《大戴礼记》，今存三十九篇。戴圣辑文四十九篇，人称《小戴礼记》。二戴礼记中有些内容源自孔子。

三、对乐的整理

在古代，《诗》、礼、乐合一，乐附于《诗》而用于礼，三者密不可分。

《诗》之所以分为《风》《雅》《颂》三部分，就是按音乐的性质来分的。古诗在古代是与乐相配的，可以诵唱。在孔子的时代，礼乐崩坏，所以孔子才修订乐，使诗、乐相配，在礼仪场合咏唱诗。孔子在音乐方面造诣极高，他晚年自卫归鲁后，终于整理乐时，使诗乐相配的古貌得以恢复，雅归雅、颂归颂；而且三百零五首诗篇，孔子都能出色地咏唱，《韶》《武》《雅》《颂》的古音尽显其中，但孔子把他认为是淫声的郑国乐曲舍弃了。

孔子整理乐还包括《雅》《颂》以外的其他《诗》乐。

春秋时期，音乐理论方面的著作尚属空缺，记录乐曲的乐谱也没有发明。音乐知识教育，以乐师口头传授为主。因此在王宫失守、乐师流散的情况下，乐曲也流散了，许多传统乐曲因乐师之存亡而存亡。这样，孔子向苌弘、师襄子这样的著名乐师求教时的心情，我们就能领略一二了。孔子当时为了多学一些音乐知识，甚至向他遇见的一切熟悉音乐的人学习。当他发现有人会唱一首好歌，他就请求对方教他，然后开始仿唱，直到完全掌握为止。孔子演奏乐器也很优秀，他会演奏琴、瑟、笙、磬等多种乐器，鉴赏水平很高。所以在整理乐时，孔子很有信心。

孔子归鲁期间，曾同鲁乐官讨论音乐。孔子说："乐其可知也；始作，翕如也；从之，纯如也，皦如也，绎如也，以成。"这段话的意思是说，刚奏乐时，众乐齐鸣，热烈动人；接下去，声音统一和谐，节奏明晰；结束时，余音袅袅，不绝如缕。他这段话把演奏音乐分为前奏、正曲、尾声三部分，概括得很准确。他在一位专门从事音乐活动的国家官员面前这样总结，一定是很了解音乐创作的。他对《诗》乐的整理，也依赖于此。

孔子整理的《诗》乐，因为记录方式不是用乐谱，不便于流传，再加上社会动乱、礼乐更严重地崩坏、新音乐日益流行等原因，很快就遗失了。至汉初，乐官制氏对《雅》乐只能"纪其铿锵而不能考其义"。东汉末，《风》《雅》能唱出来的少得可怜。再往后，则完全被人遗忘了。

四、对《书》的整理

中国古代史官记史有很明确的制度，前代的一些历史文献资料，春秋时都可看到。所谓《书》，就是政治方面的历史文献。其中，有些是当时情况的记录，有些是后人对前代的追记。《夏书》《商书》《周书》就是如此，是针对夏朝、商朝、周朝一些重要的历史文化总结出来的。《书》也叫《尚书》，"尚"即"上"，指这些历史文献是祖辈上代流传的。《书》在孔子之前就开始流传，《左传》中多次引用《夏书》《商书》《周书》，所以可以证明这一点。孔颖达在概括《书》的内容时说："《书》者，人君辞让之典，右史记言之策。"《书》中记录的都是重大政治问题，治国经验。在孔子之前，《书》做为贵族教育其子弟的教材，就开始在上层社会使用。孔子创办平民学校，虽为私人办学，但其教学内容仍然是《诗》《书》《礼》《乐》等科目。

司马迁说：

> 孔子之时，周室微而礼乐废，《诗》《书》缺。追述三代之礼，序《书传》上纪唐、虞之际，下至秦缪，编次其事。

班固也说：

> 《书》之所起远矣，至孔子纂焉。上断于尧，下讫于秦，凡百篇，而为之序，言作其意。

司马迁说的《书传》与班固说的孔子所纂之《书》，都是《尚书》。秦之后，《书》的原貌到底是什么样，已不清楚。

孔子综合三代之礼时，严重缺乏历史文献的事实让他心痛。但他还是尽力将搜集到的上古三代的政治类历史文献按时间先后的次序，系统地编纂成了《尚书》一书。此《书》年代上自尧舜，下至秦穆公，内容丰富。孔子整理完《尚书》，还亲自作序，以说明各篇的意旨。孔子追迹三代文明史，所编《尚书》是为了整理上古三代圣王之

迹，审视政治兴衰成败的原因，他本人的社会政治理想也从中得以表达。

由孔子整理，至战国又有添加的《尚书》，几经周折，历经秦始皇焚书、秦末战乱两大劫难，至汉初，《尚书》保存下来的只有山东伏生保存的残本二十八篇。汉武帝时又从民间征得《泰誓》一篇，共二十九篇。这二十九篇经秦以后通行的隶书抄写，人称《今文尚书》。

汉武帝时，分封到鲁地的共王刘余拆除孔宅，从孔宅墙壁中发现《尚书》的文本。当时发现的共四十五篇，为先秦古文书写，称为《古文尚书》。孔子十一世孙孔安国保存的《古文尚书》后来佚失。我们现在虽然不知道《尚书》中哪些篇目是经过孔子整理的，但孔子在《尚书》的整理和流传过程中做出过巨大贡献。

现在通行的是东晋梅赜的伪《古文尚书》。这部书由于冒充西汉孔安国的古书本，所以名为《孔传古文尚书》。它因为唐孔颖达作《义疏》才流传至今。这部伪《孔传古文尚书》比原本又多出二十二篇。另外，《泰誓》三篇与原古文本同名而实异。除这二十五篇外，其余各篇与原古、今文本内容相同，孔子整理的《尚书》可从中感受到一些。

五、对《易》的整理

1. 钻研《易》理

《易》，又称《周易》或《易经》，是古代的一部卜筮之书。古代人对变幻莫测的自然现象和社会现象不能解释，于是深信天命神意，卜卦问凶福。相传，春秋以前讲卜筮之法的书有三部：一是《连山》，二是《归藏》，三是《周易》。后世流传时，唯《周易》尚存。《周易》作于殷周之际，全书寓含着丰富深邃的哲理。

《史记·孔子世家》记载"孔子晚而喜《易》……读《易》，韦编三绝。曰：'假我数年，若是，我于《易》则彬彬矣'"；《论语》亦记载"子曰：'加我数年，五十以学《易》，可以无大过矣。'"

《史记》把《论语》此章编在孔子六十八岁返鲁以后，所以人们都认为孔子在六十八岁返鲁以后说的这些话。其实，孔子学《易》亦在他暮年返鲁以后。如果这样理解，则"六十八岁以后""数年""五十"三者之间相互矛盾。"数年"和"五十"之间不能分开理解，"数年""五十"同"六十八岁以后"更不能合在一起理解。

不过，此章被许多学者看做是孔子五十岁之前说的。郑玄《论语注》曰："加我数年，年至五十以学此《易》，其义理可无大过。孔子时年四十五六，好《易》，玩读不敢懈倦，汲汲然，自恐不能究其意，故云然也。"皇侃《论语义疏》曰："当孔子尔时年已四十五六，故云'加我数年，五十而学《易》'也。所以必五十而学《易》者，人年五十，是知命之年也。《易》有大演之数五十，是究理尽命之书，故五十而学《易》也。"

"孔子晚而喜《易》"，在他五十六七岁前后，开始学习《易》。

孔子为什么到了晚年才学《易》？孔子的弟子子贡当时曾问过孔子。帛书《要》中孔子和子贡的对话如下：

> 夫子老而好《易》，居则在席，行则在橐。子赣曰："夫子它日教此弟子曰：'德行亡者，神灵之趋；知谋远者，卜筮之繁。'赐以此为然矣。以此言取之，赐缗循之为也。夫子何以老而好之乎？"夫子曰："君子言以矩方也。前祥而至者，弗祥而巧也。察其要者，不诡其德。尚书多仒矣，《周易》未失也，且有古之遗言焉。予非安其用也"……"赐闻

诸夫子曰：'孙正而行义，则人不惑矣。'夫子今不安其用而乐其辞，则是用倚于人也，而可乎？"子曰："谬哉，赐！吾告女。《易》之道……故《易》刚者使知惧，柔者使知刚，愚人为而不忘，渐人为而去诈。文王仁，不得其志以成其虑。纣乃无道，文王作。讳而辟咎，然后《易》始兴也。予乐其知……"子赣曰："夫子亦信其筮乎？"子曰："吾百占而七十当，唯周梁山之占也，亦必从其多者而已矣。"子曰："《易》，我后其祝卜矣，我观其德义耳也。幽赞而达乎数，明数而达乎德，又仁者而义行之耳。赞而不达于数，则其为之巫，数而不达于德，则其为之史。史巫之筮，乡之而未也，好之而非也。后世之士疑丘者，或以《易》乎？吾求其德而已，吾与史巫同涂而殊归者也。君子德行焉求福，故祭祀而寡也；仁义焉求吉，故卜筮而希也。祝巫卜筮其后乎。"

从这段文献可以得出这样的认识：

学《易》之前，孔子只把《周易》当成占卜用的卦书，因为他不主张占筮。子贡说："夫子它日教此弟子曰：'德行亡者，神灵之趋，知谋远者，卜筮之繁。'……夫子何以老而好之乎？"子贡和过去的孔子都认为《周易》是卜筮之书。孔子学《易》之前就是相对的那个过去。那时孔子认为，没有德行的人才一味祈求神灵保佑，缺乏智谋的人才去频繁地占筮。

孔子有一个时期常常占卜。他说"吾百占而七十当"，指的就是这个。

当时政治形势异常复杂，足智多谋的孔子同样是分析不透、没有高招，显得力不从心。在这种情况下，孔子不得已搬出了《周易》，试图通过占卜来决定未来的吉凶祸福，正因为孔子频繁地占筮，所以对《周易》的文字有机会多多玩味，甚至"不安其用而乐其辞"。《周易》的文辞是他最先钟爱的，有时就忘记了占卜的本意。在这个过程中，孔子对《周易》有了全新的认识。他发现，《周易》有"古之遗言焉"。此"古之遗言"，当指文王遗教。

就在这"古之遗言"里，孔子发现了《周易》中的深层内涵："故《易》刚者使知瞿，柔者使知刚；愚人为而不忘，渐人为而去诈。"孔子所理解的《周易》的"德义"正是如此。

发现《周易》的"德义"以后，孔子当然把"德义"列为重要位置："我观其德义耳也。"此时，他仍不否定占筮，把占筮放在第二位，即"我后其祝卜矣"。至此，孔子将《周易》的内容分为三个层次，即"赞""数""德"。

孔子学《易》后，认同了占筮，但也不主张占筮，强调求福用仁德，而占筮只是最后的选择。"君子德行焉求福，故祭祀而寡也；仁义焉求吉，故卜筮而希也。祝巫卜筮其后乎。"

正因为孔子晚年特别喜好《周易》，对《易》爱不释手，所以我们才有了孔子关于《周易》的言论可以借鉴。

2. 整理《易》

今本《周易》由《易经》《易传》两部分组成。《易经》是指由阴阳两爻（——、———）组成的六十四卦和三百八十四爻，卦辞、爻辞等也包括在内；《易传》是解释卦辞、爻辞的文字，《彖辞》上下、《象辞》上下、《系辞》上下、《文言》《说卦》《序卦》《杂卦》等十篇，就是卦辞，又称《十翼》。

孔子读《易》非常用功，他一遍遍翻阅那些简牍，穿简牍的牛皮绳都一次次磨坏了。正因如此，孔子整理《周易》才成为可能。司马迁说孔子"序《彖》《系》《象》《说卦》《文言》"，这个"序"就是整理。《彖》《系》《象》《说卦》《文言》这些传文排列顺序合理，归功于孔子。这一系列的整理过程，就是孔子整理《周易》的过程。

班固曾说："孔氏为之《彖》《象》《系辞》《文言》《序卦》之属十篇。"看来，《易传》是孔子作的。欧阳修作《周易童子问》提出怀

疑班固之说后，越来越多的人认为《易传》各篇不是一个人所作，是由战国、秦汉的人陆续作的。

孔子晚年设教的课程增设了《易》。商瞿对孔子传授《易》特别感兴趣，并为《易》的传世做出贡献。

在孔子整理《易》时，还可能出现了解释卦爻辞的专书，《易象》就是其中之一。虽然《易象》与后来的《象传》不一定是同一本，但一定是解释《易经》的。孔子研究《易》时，广泛收集相关资料并对它们进行总结，授课时系统地向学生们讲授。《易传》的形成大概如此。也有人认为《易传》不是孔子所作，孔子只是参加创作。《易传》的成书比较复杂，它将战国秦汉间不同学派的思想结合在一起，特别是注重礼、仁的政治伦理色彩都明显受孔子思想的影响。《易传》的形成与孔子不可分割。《易传》引"子曰"多达三十一处，尽管不见得全是孔子的原话，但也能证明《易传》同孔子联系紧密。

3. 《易》的转化

从孔子开始，易学转化为一种哲学。

《汉书·艺文志》在谈到《易》时说：

> 《易》曰："宓戏氏仰观象于天，俯观法于地，观鸟兽之文，与地之宜，近取诸身，远取诸物，于是始作八卦，以通神明之德，以类万物之情。"至于殷周之际，纣在上位，逆天暴物，文王以诸侯顺命而行道，天人之占可行而效，于是重《易》六爻，作上下篇。

《周易》形成的两个阶段在这段话中交待得很清楚，伏羲作八卦就是第一阶段；文王演八卦为六十四卦，又亲定经文上下篇为第二阶段。

《周易》作者为伏羲、文王，那么孔子从《周易》中发现伏羲、文王的遗教究竟有哪些呢？

孔子认为《周易》包含四条圣人之道：卦辞爻辞是用来说理论事的；爻画变化是用来指导行动的；卦象是用来制作器物的；占卦是进行卜筮的。又云："《易》之为书也，广大悉备。有天道焉，有人道焉，有地道焉。兼三材而两之，故六。六者非它也，三材之道也。"《周易》将天道、地道、人道全都蕴含其中。

孔子后来对《易》又有了新的发现。他发现事物矛盾的双方不是停滞不前的，而是互为转化的，《易》之道就是知终始之可惧，则知无咎之为要领。孔子对伏羲、文王遗教的领悟还有很多。

在哲学范畴内，孔子对易学的最大贡献是把阴阳二元论提升为易一元论。

阴阳观念集中在《周易古经》中，有非常集中的体现。《易经》认为，吉凶祸福是由阴阳的变化所决定的。但《易经》中，阴阳这两个概念并不存在，而是用两种符号表示："——"代表阳，"－－"代表阴，这也就是阴阳不直接出现的原因。在六十四卦中，只有乾、坤两卦是纯粹由一种符号构成的：乾（☰）由"——"构成，坤（☷）由"－－"构成。所以，乾、坤代表两种完全相反的性质。

六十四卦是由"——"和"－－"这两种基本符号构成的，符号组成方式不同，阴阳消长也就不同，万物变化全蕴含在其中。

阴阳观念是一种相当完备的辩证法思想。

《国语·周语上》上记载，伯阳父曾用这对概念解释地震：

> 幽王二年，西周三川皆震。伯阳父曰："周将亡矣！夫天地之气，不失其序；若过其序，民乱之也。阳伏而不能出，阳近而不能丞，于是有地震。"

伯阳父除了运用阴阳这对概念，还进一步向前发展了阴阳思想。而到了《易传》时，阴阳既上升到哲学的高度，还成为哲学的最

高概念。阴阳二元论由此产生。阴阳二元论也可以说是《易经》乾坤二元论的进一步发展。

但在孔子的易学中，最高概念是"易"。

《系辞》上说："易有太极，是生两仪。两仪生四象，四象生八卦，八卦定吉凶，吉凶生大业。"

孔子说："易与天地准，故能弥纶天地之道。"易道跟天地一样，所以能让天地之道尽含其中。《系辞》中的许多"易"代表最高的境界，不是指《易》书。

天地万物都是由易之太极产生的，易道也运行于天地万物之中："天地设位，而易行乎其中矣。"作为最高形而上实体的易，虽然无思无为，寂然不动，却能通达万事万物。"易无思也，无为也，寂然不动，感而遂通天下之故。""易"是最高的形而上的实体，"太极"是"易"中的部分或因素，具有创生功能。"两仪"代表阴阳。"四象"代表四时。这句话是说，易之太极产生阴阳，阴阳产生四时，四时产生八卦。八卦相重，吉凶之象以定。人趋吉避凶，大业以生。

在文化典籍的整理、传世方面，在对哲学思想的贡献方面，孔子都是承上启下的重要伟人。

六、对《春秋》的整理

孔子生活在春秋时代，所以孔子整理《春秋》是着眼于现实的，不同于《诗》《书》《礼》《乐》《易》的"好古"。《春秋》其实就是鲁国的编年史。

司马迁在《史记·孔子世家》中说孔子"因史记作《春秋》"。"史记"在此指各国史官所记录的历史材料，也就是各国的《春秋》。

"因史记作《春秋》"是孔子根据各国史官所记录的历史事实作《春秋》。孔子著的《春秋》以鲁国为中心，放眼天下，鲁国的大事和天下的大事都能在孔子的《春秋》中看到。孟子说："其事则齐桓、晋文"。《春秋》实际上是中国春秋时代的通史。

孔子对《春秋》的整理，在孟子笔下有记载：

> 世衰道微，邪说暴行有作，臣弑其君者有之，子弑其父者有之。孔子惧，作《春秋》。孔子成《春秋》而乱臣贼子惧。

"作"含有"削"的意思。古代时，书是用竹简串成的，因此修改时要先用刀削去原来的字迹，故曰"作"。

司马迁在《史记·孔子世家》记载："孔子在位听讼，文辞有可与人共者，弗独有也。至于为《春秋》，笔则笔，削则削，子夏之徒不能赞一辞。"司马迁写道，孔子对著《春秋》很重视，完全独立思考，他认为该记录的就一定要记录，该删掉的坚决要删掉。子夏等人只帮助老师抄抄写写，行文、造句要听命于孔子。

孔子整理的《春秋》，言简意赅，全文只有一万六千余字。天子与各国诸侯之间的外交、国与国之间的外交、贵族当权者的大事等，全记录下来了。全书"述而不作"，公正、客观，不作评论。孔子不让子夏等弟子发表意见，只允许他们"笔则笔，削则削"，就是要确保不加评论。其实，孔子通过遣词造句，已反映了他对历史事件、人物的态度和评价。司马迁说："孔子写《春秋》是据鲁，亲周，故殷，运之三代。约其文辞而指博。故吴、楚之君自称王，而《春秋》贬之曰'子'；践土之会实召周天子，而《春秋》讳之曰'天子狩于河阳'；推此类以绳当世。贬损之义，后有王者举而开之。"孔子整理、写作史书的方法，后世称之为"《春秋》笔法"。孔子并非真正"述而不作"，而是述中有作，褒与贬、讳与显都有。这也是孔子正名分的

方法，表现他所维护的"道"。

《春秋》中除记录重大政治大事外，还记录了许多自然现象。日蚀、彗星、地震等在《春秋》中都有所反映，为后人做相关研究时提供了珍贵的资料。单凭这些记录，孔子就对人类的文明史做出不小的贡献。

孔子的《春秋》在修订时以五方面为主：

1. 断代。修订后的《春秋》以年为序，上自鲁隐公元年（公元前722年），下至鲁哀公十四年（公元前481年），共二百四十二年。未经孔子修订的《鲁春秋》虽不知始于何年，但肯定是不完整的，最起码有断代现象。据分析，素以文献丰富著称的鲁国，作《春秋》的起始年代应该早于隐公之世。

隐公元年正是周平王末世。二年后，桓王即位。自桓王起，周、郑交恶，王室开始衰微，诸侯力量壮大，"政由方伯"的时代开始了。孔子对此深有感触，故以鲁隐公元年为《春秋》纪年之始。

2. 约文。就是删繁就简。

孔子整理《春秋》时，"约其辞文，去其烦重"，文字力求简洁、准确。如鲁庄公七年夏四月辛卯（公元前687年3月16日）曾出现一次流星雨，未经孔子整理的《鲁春秋》记为："雨星，不及地尺而复。"意思是说无数陨星如流雨下落，然后又返回天际。而在孔子整理此处时改为："星陨如雨。"

3. 补阙。孔子整理《鲁春秋》时，命子夏等十四人到周王室借阅周史，取回"百二十国宝书"。这些"宝书"就是各国抄送周王室的纪史副本，是孔子修订《鲁春秋》的重要依据。

4. 正名。也就是正名分，是孔子修《春秋》的第一要义。正名分就是让天下人做到"君君，臣臣，父父，子子"，让人们思想行为全符合道德规范。

5. 寓义。是一种把真实感情寓藏在记事之中，称赞好人好事、抨击坏人坏事一目了然。寓义在《春秋》中大量使用。弑父弑君在春秋频频发生，孔子对此一般持批评态度，但有时他的态度也会不同，笔法不同，以示褒贬不一。

弑君者为乱臣贼子，孔子则直书其名，以明其罪。有人虽非乱臣，但对君亡负有重大责任，就要直书其名以明其过。如果被弑国君无道，那么弑君者姓名就不被书写进去，表示弑君可以谅解。

如鲁之君在国内被杀害，死后国内贵族或新君又未对杀害国君的人进行讨伐，则言"公薨"，连"葬"字也不用。鲁隐公、鲁闵公之死就是这样记录的。

孔子修订的《春秋》在战国之后广泛盛行于汉。后世解释《春秋》的有五个版本：左氏、公羊氏、穀梁氏、邹氏、夹氏。邹氏和夹氏的版本均已失传。存世流传下来的仅《左传》《公羊传》《穀梁传》，人称《春秋三传》。《左传》叙事多，《公羊传》《穀梁传》是重点阐释《春秋》的微言大义。《左传》原与《春秋》各成一本，自晋人杜预作《春秋经传集解》以后才将经传合为一书。

第九章 圣人谢世

一、师徒情深

孔子晚年整理六艺之余，只要一有空闲便偕学生到城外游玩，有时是做短期旅行，有时去拜访故友。

舞雩台在鲁城东门外，紧挨沂水，孔子与弟子们经常去那里。舞雩台是鲁政府祭天祈雨的祭坛。每逢祈雨时，女巫起舞，故名舞雩。其遗址至今尚存。舞雩台，台基长 120 米，宽 115 米，残高 7 米。

古时，在这里不定期地举行旱雩，也就是遇旱则雩，不旱则否。雩时，有司率巫舞一面跳舞，一面呼喊。除此之外，舞雩台还定期举行正雩，也就是每年夏历四月为预防旱灾举行雩祭。届时，众多男女青少年在女巫下台后开始跳舞咏唱，围观人数众多。这种宗教礼仪活动也是有群众娱乐性质的。

每逢正雩，孔子和他的学生们都去观看。他们融入人群，感受着人与自然的和谐。《论语·颜渊》记"樊迟从游于舞雩之下"即其一事。有一天，子路、曾皙、冉有、公西华陪孔子聊天。孔子问他们，如果他们受到政府重用时各自能做些什么？子路说他要用三年的时间，让一个受战争创伤的中等国家振奋起来，让那里的人民懂得礼仪。冉求说他能在三年内使一个小国经济繁荣，人民过上好日子。公西华说自己愿意当一个司仪，这样可以在外事和宗庙活动中发挥作用。曾皙当时正在弹瑟，"铿"地一声停止弹奏，说自己与他们三位想的不一样。孔子请他也谈谈。曾皙答道：

"春末大家都穿着春装，我陪同五六位成年人和六七个十几岁的孩子，到沂水里沐浴后，到舞雩台吹风，然后大家一路唱歌，一路回家。"

曾皙说的正是孔子及其门生生活的一个掠影。孔子前几年可能会训斥他，但现在孔子无力从政。因此，他长叹一声，说："我支持曾皙的想法啊！"

子游当时已做了武城的行政长官。子游治理武城有方，所以高兴地请孔子到那里观光。

武城位于鲁城东南一百五十余里的山区，是军事要地，也是鲁国南疆的门户。所以武城人注重军事，全民善战。有一次，邾国军队经过这里时，不征求当地官员同意就想过城，结果武城人气愤地持械上阵，邾军全军覆没。鲁哀公十一年（公元前484年），齐鲁在城郊作战，冉求特地把武城的三百名士卒带在身边，率先冲阵，战胜齐师。子游由此认定武城人少文，上任后大力开展礼乐文化活动，把孔子的礼乐教化的政治主张施展出来。孔子路过武城时，听到弦歌之声，说："割鸡焉用牛刀？"孔子的意思是说何必用礼乐教化的大道理治理这么一个小地方。子游认真地争辩道："以前我听老师教导过：'君子学道则爱人，小人学道则易使也。'"孔子说："言偃说得没错。刚才我是开玩笑。"由此可以看出，子游贯彻老师的主张非常到位。

在孔门弟子中，子游的思想独具理想主义色彩。他对待君主、朋友、居丧等人事，都不愿拘泥于礼节。

子游后来也教学授课，他的门人在战国时期形成了儒家的一个门派。

二、晚年情殇

孔子晚年的生活实际上是很孤单的。夫人亓官氏在他归鲁前就去世了，他唯一的儿子孔鲤也亡在他前面。之后，他最喜欢的两位学生颜回和子路也双双西去。

孔子七十岁时丧子，当时是孔子归鲁的第三年。孔鲤终年五十岁。孔鲤为人谦卑，非常听从父命。但孔子对儿子跟对自己的学生一样教育，没有单独"吃小灶"。孔子也没有利用自己的身份为他谋取一官半职，孔鲤直到去世也仅仅是一个士。孔子安葬儿子也与一般士的标准相同。孔子长期忙于教学、社会活动，又长年周游列国，孔鲤母子的家庭负担很重。孔子对妻儿怀有深深的内疚，这种内疚使丧子的痛楚更强烈了。孔鲤的长子已成年，少子孔伋在孔鲤去世后才出生。孔子抚养遗孤的时间不多了。

不幸没有就此停止。孔鲤死后一年，爱徒颜回也病故了，年仅四十一岁。颜回与孔子关系极亲密，孔子像爱儿子一样爱颜回。颜回对孔子也怀有父亲般的感情。颜回对孔子学说理解得十分透彻，可以举一反三。孔子认为徒弟中为仁一生的人很少，颜回是最能坚持这样做的人。颜回代表老师积极支持大家从政，但他本人洁身自守，身居陋巷，极其知足、乐观，体现了孔子理想的独立人格和情操。所以，孔子对他说："得到任用，就积极行动；不得任用，就隐居起来。只有我们两个可以做到！"颜回的身体不好，这与他家境贫苦、饮食不好有关，颜回刚二十九岁，头发就全白了。他的早逝，使孔子感到自己学说最优秀的继承人一去不返。颜回之死令七十一岁高龄的孔子十分悲伤，孔子大哭。《论语》记载：

　　　　颜渊死，子曰："噫！天丧予，天丧予！"

　　　　颜渊死，子哭之恸。从者曰："子恸矣！"曰："有恸乎？
非夫人之为恸而谁为？"

　　颜回去世这一年的春季，鲁叔孙氏在狩猎时，他手下一个叫子钮
商的人抓住一头怪兽。孔子看过以后，认为是麒麟。古人把麒麟当成
吉祥物，吉祥物与圣人相对。但当时是乱世，所以吉祥物出现后，人
们都觉反常。它的出现，以及颜回、孔鲤的早逝，都使孔子产生了
"吾道穷矣"的感叹。

　　在如何安葬颜回的问题上曾发生过不快。孔子的学生们主张厚
葬，颜回的父亲颜路甚至让孔子卖掉马车，好给颜回买一副椁。可是
孔子安葬孔鲤时有棺而无椁，如果卖掉马车给颜回买一副椁，那就会
伤害孔子为父的感情。孔子一辈子重礼，要他在七十岁的高龄卖掉马
车，那相当于污辱他，是对他的不尊。孔子不主张追求形式上的完
美，经济条件有时确实起决定作用。因此，孔子没有答应颜路和弟子
们的要求。但学生们背地里还是实行了厚葬。

　　颜回之死带给孔子的伤痛无法弥合，颜回已经去世很久了，孔子
仍不能从悲伤中自拔。鲁哀公问孔子，学生中谁好学。孔子说："颜
回好学，而且，颜回不迁怒于人，不犯同样的过失。只可惜他死得太
早，以后再也没有这样好学的人了。"孔子对季康子也这么说过。有
一次，孔子让子贡同颜回比较。子贡说：

　　"我怎敢同颜回比？他已能闻一知十，我不过闻一知二。""是啊，
不如啊！我和你都不如他啊！"孔子伤感地说。

　　孔鲤、颜回去世时，孔子还在对"六艺"进行整理。他极力克制
内心的伤楚，坚持工作和日常教学。

　　但命运的不幸仍在纠缠着孔子，颜回死后一年，师从孔子四十余
年的子路在卫国遇难。

子路归鲁后，在季氏任职。在鲁哀公十四年（公元前 481 年）时，子路又到卫国担任卫执政大夫孔悝的邑宰。卫国当时再度处于卫出公与其父蒯聩争国的严峻形势下。孔悝母亲孔姬为蒯聩之姊，蒯聩当然让姊姊孔姬做内应，于鲁哀公十五年末，带领几名甲士袭击孔悝，威逼孔悝改立自己为君。子路闻讯后，置子羔的劝阻于不顾，只身闯入孔宅，大骂蒯聩。当时，二人盟誓后仍留在台榭上。子路为了让蒯聩释放孔悝，就威胁他说自己会放火烧台。蒯聩派两名甲士大战子路，当场把他击倒，系在子路头上的帽缨也被砍断了。子路临死前把砍断帽缨的帽子系好，做到孔子强调过的"君子死，冠不免"。子路的行为很勇武，是鲁国的骄傲。他的死讯传来，孔子十分悲痛，不禁大声痛哭。有人来吊丧，孔子向来人打听子路遇害的具体情况。当他得知子路被当场剁成肉酱时，命人把准备食用的肉酱倒掉，说："我怎么忍心吃这种东西啊！"

孔子觉得自己的身体有些支持不住了，勉强把吊丧的来宾送出后，便让学生扶着自己走进卧室。孔子没有办法不难过，他说："自吾得回，门人益亲。""自吾得由，恶言不闻于耳。"看来，在孔子生前，孔门弟子中卫道护教最有功劳的是颜回、子路二人。

三、流芳万世

人生一连串的不幸打击终于使孔子病倒了。

长期的劳累有损他的健康，积劳而成的疾病由于孔鲤、颜回、子路的相继离去迅速恶化。子路遇害以后的两三个月，孔子越来越感到身体大不如前，连到庭外走动都很困难了。

当时是周历三月，乍暖还寒时节。小草枯黄地蜷缩在路旁。庭前的桧柏却春意盎然地立于世间。他年轻时亲手栽种的桧柏树，不会理解他现在的心情。他不久前还对学生们说："吾十有五而志于学，三十而立，四十而不惑，五十而知天命，六十而耳顺，七十而从心所欲，不逾矩。"这段话是他对自己思想历程的一个总结。

"恐怕能明白我的，只有天吧！"他慨叹着。

孔子自己最清楚他究竟付出了多大的代价才取得晚年的荣誉。无数的挫折、苦难都没能改变他的志向，这一切需要的又是什么样的恒心啊！他已真正体会到七十年对人的真正意义和价值。

人老了，就爱回忆过去。他独自静坐的时候，常常回忆他那不断追求、痛苦、欢乐相伴的过去，回忆与弟子们一起度过的平常岁月和重大事件，心情久久不能平静。还在进行的典籍整理工作最让孔子惦念，只是其中一些内容难以确考，子夏他们是否全部领会了自己的叮嘱呢？真希望自己还能继续做些具体工作。

又可以闻到春天的气息了，孔子知道现在已是春耕的时候，但他不知自己是否还能见到明年的丰收景象。

一天晚上，他梦见自己竟然坐在厅堂两个前柱之间。他想这是上天给他的暗示。他感到已走到生命的尽头了。

有一天，子贡拜见他，孔子当时正拄着手杖在门前随意走动。孔子说："你怎么才来啊！"接着叹息一声，唱道："泰山要倒啦！房梁要塌啦！哲人就要谢世啦！"孔子唱着唱着，眼泪就流了下来。平息一会儿，孔子又说，"天下无道已经很久了，哪位君主也不按照我的想法去做。三代丧礼有所不同：夏代停枢于东阶，周代停枢于西阶，殷代停枢于两根楹柱之间。昨天晚上我梦见祭位放在两根楹柱之间。看来，我活不了几天了，我的祖先是殷人。"

七天之后，孔子逝世，享年七十三岁。

在孔子去世前一天，他感觉好多了，就让人把典册拿到他面前翻看。第二天一早，他就停止了呼吸，典册散落在他的身旁。

孔子的死惊动了鲁哀公。哀公亲自作了祭文，说："上天不善，

不把'国老'留下陪我，不让他保护'余一人'，（我）君位稳固，让我一个人孤单地留在这里。呜呼哀哉！尼父啊，我今后向谁请教呀！"子贡听完祭文后说："看来国君不能在鲁国善终了。老师说过：'失了礼节则昏，失了名分则惩。失去心志就叫昏，不合时宜就叫衍。'老师活着的时候，国君不能任用他；老师死了，他作祭文，这不符合礼；自称'余一人'，这不符合名分。"

弟子们对如何为孔子服丧有争议。子贡说："颜回死时，夫子像死了儿子一样，但没穿丧服；子路死时也是这样。那我们失去先生跟死了父亲一样，也不必穿丧服就可以了。"于是学生们不穿丧服，出门去哪儿，腰间都系上麻带。子夏说："在家里系麻带，出门不必系。"子游说："我听先生说过，朋友死，在家系麻带，出门不系。尊长死了，出门也系麻带。"

孔子的丧葬仪式由公西华负责。孔子口中含粗米和三块玉，陪葬的衣服有十一套，外加一件朝服。孔子头戴一顶礼帽，腰佩象牙环。象牙环直径五寸，垂着青白色丝带。内棺四寸厚，是桐木的，柏木的外棺五寸厚。画布盖在棺上，棺旁摆放着羽毛做的大扇子。送葬人分列棺木两边，这是遵照周礼；旌旗上有崇牙装饰，这是遵照殷礼；幡旗镶白绸子牙边，这是依照夏礼。三种礼节都显现在孔子的葬礼中，充分表示了学生对老师的尊敬。

参加葬礼的人很多，燕国等地也来人观看。孔子的远近门生都出席了葬礼。在孔子病危期间，他们中一些人一直守护在旁。他们像对待父丧一样哀痛万分，深深悼念自己的恩师。

孔子的灵柩安葬在鲁城北泗上的公共墓地，同孔鲤墓相距不远。孔子生前不赞成随葬，所以孔墓没有随葬品。孔子生前曾对学生们说，筑坟时，有的人把坟建成四方宽阔的样子，有的人把坟建成像堤防的样子，有的喜欢建成夏代房顶的样子，有像斧的样子。他喜欢最后这种。这种形式，俗称马鬣封，简便易行。所以学生们也把孔子墓筑成马鬣封。封土时，只换了三次夹板就筑成了。

　　孔子安葬后，学生们守丧三年。墓地旁有许多学生们种下的松柏和各种珍木，借此表达他们的哀思。三年后，大家要离开了，分别时，所有人都哭了。

　　只有子贡留了下来，在孔子墓旁盖了间小茅屋，又继续守墓三年。

　　后来，弟子们十分思念孔子，因为孔子的弟子中有一个叫有子的"状似孔子"，他们便想推立有子为师，像师从孔子那样聚集在有子身边。可有子毕竟不是孔子，弟子们最终放弃了这种念头。有子本人说："圣人之于民也，亦类也。出于其类，拔乎其萃，自生民以来，未有盛于孔子也。"孔门弟子有不少从事教育事业，子羽南游楚国，随行弟子就超过三百人，各诸侯国大为震惊。

　　孔子去世后，在如何评价孔子的问题上曾有过争议。鲁大夫叔孙武叔和陈子禽等人认为子贡等门人尊敬孔子有些过分，说孔子实际比不上子贡。子贡对这种言论做了坚决回击。

　　孔子去世后，绝大多数人都很怀念他。孔门弟子和鲁国一些人陆续在孔墓附近盖房、落户，不久便形成一个百余户的聚落，称为孔里。鲁人年年到孔墓前祭扫，文化人士也到这里传授礼仪。孔子生前的故居被鲁政府当作纪念孔子的庙堂。东汉以前，孔庙都保持着孔子生前的原貌，孔子生前所用的衣、冠、琴、车、书等都列在其中，以供后人瞻仰。

第十章　旷世影响

一、奠基儒学

在中国浩瀚、丰富的历史文化长河中，儒学一直占据主流地位。儒学的创始人、儒家文化的奠基人就是孔子。中国历史上的真正流派从孔子开始。在孔子办学之初，还是停留在一个私人创办的教育团体的规模上。孔子当时只想尽己所能培养人材。随着孔子名气的扩大，这个私人学校逐渐演化成了教育与学术研究的团体。孔子当时就已有丰富的思想，学生们认定孔子的人格伟大、仁慈，一批一批好学生走向社会。这些学生敬仰孔子，也信服孔子的理论。后来，孔子的学生中有的从政，有的收徒讲学，尽管他们走的路不一样，但遵照的都是孔子传授的那一套理论。这样，孔子的学说就越来越有影响。

孔子的学生有从事教学工作的，这样学生又有学生，学生的学生成为孔子的再传、三传弟子。他们对孔子思想的理解不同，变为"儒分为八"的局面，但基本精神还是一致的。《汉书·艺文志·诸子略》中说：他们是"游文于六经之中，留意于仁义之际，祖述尧舜，宪章文武，宗师仲尼"。这样，儒学发展成一个流派。在众多流派中，孔学门徒众多，影响最大。

孔子的思想经他的学生一代一代扩散，其中最典型的例子要算孟子与荀子。孔子死后，他的学生曾子授徒，其中有一个是孔子的孙子孔伋，也就是子思。孟子就出自子思门下。孟子在儒学的传播与发展过程中起到的作用很大。他把孔子学说的仁的思想挖掘得很深刻，并提出了仁政的概念，认为民贵君轻。在封建社会中，儒家的学说被称为孔孟之道。可见，孟子在儒学的进一步发展中作用不同寻常。荀子是战国末期人，他的老师是谁无法考证。但他的思想其实就是孔子重视的礼。在新的形势下，荀子强调了礼乐的作用，扩大了礼的含义，"序君臣父子之礼，列夫妇长幼之别"的儒家基本立场也得以捍卫。孟子和荀子分别对孔子学说中的仁和礼进行了发挥和捍卫，扩大了孔子思想的影响，发展了儒学。

在孔子之前，中华民族已经有两千五百多年的历史。上自尧、舜、禹，下至夏、商、周。这两千五百多年就是封建社会的产生、奴隶社会灭亡的交叉时期。在这漫长的历史进程中，文化、典章、制度全在飞快地发展，这笔重要的文化遗产，是中华民族的财富。孔子的伟大之处就在于他非常敏锐地把握住了这一点。他认为：周朝的文化、礼乐制度，是在夏、商两代基础上发展起来的，所以很完善。他自觉地继承前人文化，并在夏、商、周三代中，选择了周朝的文化、制度加以继承。

司马迁记载孔子整理过《诗》《书》《礼》《乐》《易》《春秋》。孔子说自己对"六艺"是"述而不作，信而好古"。所以有人认为孔子没有整理过六艺，有人认为六艺是孔子一个人著的，这两种观点全不可信。孔子早就认识到三代文化的价值，而且自愿继承周文化，那么他对周朝遗留下来的文物典籍进行搜集、整理就是必然的；他在教学之余，也会对古代典籍加以搜集、整理，好便于学生学习。我们现在能见的这些古籍是否都是孔子所定稿，应该是另外一个问题了。孔子只是搜集、整理、保存这些典籍，把它们讲解给他的学生，这也是在继承周文化。当时的统治者只顾争权，对于文化不关心、不重视，并且还会毁坏这些不利于他们的典籍。所以，孔子保存好这些文化典

籍，贡献非同寻常。

因此，孔子对后人的深刻的影响是在思想文化、道德等方面上。这一点，孔子早已预料到。当他在周游列国时，以及被匡人扣留在一所空房子里时，他都认为自己是唯一的比较好地继承了周朝文化遗产的人。

孔子继承周朝的文化，搜集、保存、整理文化典籍，使之利于流传不是他唯一的功劳。孔子继承了周公所提倡的敬德保民、明德慎罚等卓绝、优秀的思想传统才是重要的。他教育学生时，或者向当权者表明他的政治主张时，以及他的言论行为、整理典籍等，都自觉地将这些思想传统贯彻进去。孔子的这些努力，都收到了良好的效果。没有孔子的具有划时代意义的努力，中华民族的文化会在某些方面中断。

经孔子整理的"六艺"，特别是他的学生整理记录他的言行的《论语》，都将孔子沿承的周朝文化传统展现出来，对中华民族产生了深远的影响，使我们看到了如此丰富多彩、光辉灿烂的古代文化。

孔子对于中华民族的贡献，将会流传千古。

孔子的思想经过时间的验证表明，它不适用于政治、军事、经济等各方面都不稳定的春秋战国时代。只有在统一的国家里，才能为实现孔子思想提供有利的政治条件。

但孔子生前，其学说被人认为是迂腐不实用的。到了战国时期，虽然儒学发展为显学，但不如法家的理论实用。总的来说，在汉武帝"罢黜百家，独尊儒术"之前，孔子学说仅对学者产生了影响。

法家理论的余威在秦统一天下后还存在，但十五年之后，法家理论的缺陷就暴露出来了。公元前202年，刘邦建立汉朝，提倡休养生息，这是采用的"黄老"学说。过了六十多年，汉武帝听从董仲舒的明见，"罢黜百家，独尊儒术"。

因为孔子在他思想深处仍是尊王忠君。孔子的学说中不鼓励民众造反，可以成为统治者教化臣民的工具。仁德、爱民的孔子思想深受老百姓的欢迎，统治者也愿意从这方面入手理顺民众。仁德不再是刺激统治者耳朵的字眼，而变为统治者美化自己、给民众以幻想的政治诱饵。

总之，孔子学说有利于统治者巩固其统治，有利于天下统一。孔子学说中的礼，就把人们限定在各自的位置上了。

儒家学说的好处被发现以后，便很快成为封建社会的主流意识形态，孔孟之道发展成统治者的思想工具。统治者乐于提倡、宣传孔子之道，孔子的影响越来越大。为了扩大孔子的影响力，统治者对孔子的封号也不断提高，新建的孔庙遍布全国，孔子的后代也被加封。孔子生前渴望的高位在他去世后全部得到了，并且超过他的期望。统治者同时也抬高了孟子。

孔子被戴上圣人的桂冠，孟子被戴上亚圣的头衔。自公元前134年汉武帝听取了董仲舒"诸不在六艺之科，孔子之术者，皆绝其道，勿使并进"的建议起，到公元1919年"五四"运动，提出"打倒孔家店"的口号止，两千余年间，道家、释家、法家起起伏伏，但都没能在意识形态领域独霸天下。

但是，孔子的思想在流传中，逐渐释诠得走了样。后来的儒家，不再是先秦的儒家，后来的孔子也不是最初的孔子了。

二、千秋功过

孔子在政治上维护君主利益，但又不影响老百姓。所以孔子思想中有消极因素。这些消极因素随着统治者的极度重视，也日趋明显地呈现出来。

孔子把君的地位看得过重，认为君与道应等同。孔子反对专制，主张臣不能欺骗君，有意见可以当面说，"勿欺之，而犯之"。君在孔子的心目中不是绝对的权威，他认为最权威的是道。他认为君说的不正确就要违抗，否则对国家就很危险。因此他反对"唯其言而莫予违也"。这些思想已具备民主意识，但是这不表示孔子不重视君。他认为在君之上还有道，臣和君都应按照道去做。但孔子缺乏推翻无道之君的勇气，好像人生下来之后的地位就是约定人一生的，也就是"臣以道事君，不可则止"。他周游列国，就是实例。孔子不是完人，他在性格上缺乏刚毅、勇猛，甚至还懦弱，不敢据理抗争。他的学说，对忠君也太重视。在君与道之间，他认为维护君的地位更重要。他的这种思想对后世的影响也很大，封建统治者利用的正是这一点。

孔子也特别看重贤人政治。贤人政治当然在孔子政治思想中有进步意义，与周礼中任人唯亲的用人制度相比是超越性进步。但是孔子把贤人政治强调得过了头。他认为制度是人规定的，规定得不合理，人可以在执行时有所变通。"文武之政，布在方策。其人存，则其政举；其人亡，则其政息。……故为政在人。"孔子强调人的道德，努力培养君子、贤人的原因在于此。

孔子提出平等的思想，并且反对胡乱杀人，提出"仁者爱人"，提醒统治者爱民、利民，打出"有教无类"的口号并亲自付诸实践，但他提出的平等是在很狭窄的范围内。孔子所提出的"爱人"，是维护人最基本的权益，如生命的权利、生活的权利等，但权利只有在一个社会的经济基础允许的范围之内才可以实现。孔子内心深处还是拥护严格的等级制度的，所以他强调礼。历代君王推崇儒学在思想领域的统治地位，与儒学维护了他们所需要的等级制度观念密切相关。所以，在这种社会中，受害最为严重的是社会地位低下的人。他们的权利被剥夺了许多，他们的利益也受到严重影响。

另外，孔子鄙视技艺，把道与技艺分开看待，而且是置于对立立场上的，严重影响到中国科学技术的发展进程。儒家的特点导致儒者轻视与民生相关的技术。他的学生子夏站在孔子的观点上发表见解说，君子把注意力放在小的技艺上，会影响对大道的追求。他说：

> 百工居肆以成其事，君子学以致其道。虽小道，必有可
> 观者焉，致远恐泥。

"小道"就是具体的技艺、技术。从事这些"小道"研究，势必影响到研究大道，所以孔子极为鄙视"小道"。樊迟要学如何种庄稼，如何种菜，孔子批评他说：

> 君子谋道不谋食……君子忧道不忧贫。

孔子对研究技术的人的鄙视心理，对后世的知识分子起了很大作用。知识分子读死书，有的人连基本生活常识都缺乏，对关系到国计民生迫切需要的科学技术更是一无所知。学以致仕的思想是发展科学技术的极大阻力。

孔子在对待妇女的态度上，也是持鄙视的思想，对妇女心存偏见，认为妇女不应有社会地位。妇女只有成为母亲，才会享有让人重视、尊重的地位。男女之间的不平等，有相当一部分因素是孔子造成的，也是社会强加在妇女身上的精神枷锁。后儒更是极端鄙视妇女，残害了无数妇女。所以，对于广大妇女来说，孔子绝不是一个伟人。

孔子是一位历史人物，看待历史人物应结合历史背景。孔子思想中的历史局限性与阶级局限性是整个历史赋予他的，不是他个人的错。所以，对孔子的学说，后人要认真地区分优劣，取其精华，弃其糟粕，有选择地加以学习。

尽管孔子的思想有很多不完美的地方，但孔子作为一代伟人，将永远地名垂青史，让无数后人高山仰止。